PALAVRAS QUE LIBERTAM

Binho Cultura
(organizador)

VERMELHO MARINHO
2023

Organização
Binho Cultura

Editor-chefe
Tomaz Adour

Revisão
Equipe Vermelho Marinho

Diagramação
Marcelo Amado

Capa
Spirit

Dados Internacionais de Catalogação na Publicação (CIP)
Fabio Osmar de Oliveira Maciel – CRB-7 6284

P154

Palavras que libertam / Binho Cultura (organizador). – 1. ed. –
Rio de Janeiro : Vermelho Marinho, 2023.
144 p. ; 21 cm.

ISBN 978-85-8265-387-6

1. Sistema socioeducativo. 2. Rio de Janeiro (Estado) – Departamento Geral de Ações Socioeducativas. 3. Jovens – Privação de liberdade – Reabilitação. 4. Jovens – Depoimentos. 5. Educação – Aspectos sociais. 6. Políticas públicas. I. Título.

689-212-23 CDD : 362.70981

Índice para catálogo sistemático:
1. Brasil: Adolescentes: Problemas sociais 362.70981

VERMELHO MARINHO

EDITORA VERMELHO MARINHO
venida Gilka Machado, 315 – bloco 2 – casa 6
ecreio dos Bandeirantes - CEP: 22795-570
Rio de Janeiro – RJ

Sumário

Homenagens

O negócio é focar em Políticas Públicas na Socioeducação!

Binho Cultura

Com quantas ações se faz a Socioeducação? Por trás dos grandes muros do Departamento Geral de Ações Socioeducativas há inúmeras pessoas que acreditam de verdade que é possível transformar as vidas que de alguma forma se desviaram do contexto da justiça social, tão cedo conheceram a violência, as violações de direitos e atravessaram a linha tênue da legalidade e cometeram atos infracionais. Meninos e meninas, frutos de lares e territórios onde a desigualdade social assola a realidade que reflete em toda a sociedade, afetando cidadãos e cidadãs no seu direito de ir e vir. O problema é notório, seu combate via segurança pública abre cada vez mais as fragilidades do Estado, que teima em não ouvir quem está na ponta e desperdiça recursos em munições e armas que geram mais mortes por todos os lados em vez de investirem em qualificação profissional, empreendedorismo, ensino de qualidade, jovem aprendiz, gerando renda às famílias.

Enquanto o viés do combate à violência for apenas por vias da segurança pública, todos e todas seguiremos pagando caro, com o bem que temos mais precioso, nossas vidas, as unidades socioeducativas e prisionais seguirão tendo suas lotações esgotadas, dando a impressão que os inúmeros profissionais enxugam gelo e seus excelentes trabalhos não apareçam, o que é uma ingratidão, pois o cotidiano das unidades do Degase conta com a rotina de planejamentos e ações de homens e mulheres qualificados e dedicados a cumprirem seus juramentos, dando o melhor de si, desde os Agentes à Equipe Técnica, das direções de unidades que se desdobram para colocarem as casas em ordem, aos maiores articuladores que o Departamento tem. Alexander Martins é a representação oficial que passa confiança e atrai parceiros para desenvolver projetos esportivos, qualificação profissional, culturais, educativos, em todo o Estado do Rio de Janeiro, quem tem o mínimo de sensibilidade quando se trata de socioeducação, conhece esse craque, na outra ponta desta articulação, cuidando da gestão, está o George Fox, com todo manejo para tratar dos assuntos que dizem respeito às reinvindicações dos funcionários às relações institucionais com cada gestor que assume a direção por indicação do secretário de educação, assim a rotina se reforça com César Sucupira e Roberta Ramalho e Fernanda Rodrigues Pereira somando conhecimento e conteúdo administrativo, pedagógico e assistência social, compreendendo e acreditando que para alcançar resultados positivos é necessário priorizar as relações e desenvolvimento humano, seja dos funcionários, seja do público atendido – os socioeducandos e socioeducandas de todo o Estado Fluminense, com suas peculiaridades, distâncias, limitações de infraestrutura, que somente quem realmente se preocupa vai dar a devida atenção e se deslocar de Volta Redonda a Campos, de Friburgo a Belford Roxo, de Niterói a Santa Cruz, onde todo esforço para diminuir a reincidência é interrompido a cada mudança de gestão, que se preocupa mais com as indicações políticas do que propriamente com a Socioeducação enquanto políticas públicas, entendendo que um percentual dos causadores da práticas infratoras estão concentrados nas unidades e projetos estratégicos são fundamentais para alcançar o impacto social desejado, dividindo com as prefeituras o peso dessa responsabilidade, afinal, os infratores e infratoras são de suas cidades, a maioria se destaca por suas habilidades nas aulas que participam, podendo serem incluídos em programas focados na ressocialização, com a devida orientação dos profissionais supracitados.

O livro *Palavras que Libertam* nasce desta inquietação, de tanto escutar todas as partes, principalmente os socioeducandos, vendo potencial e possibilidade de fazer com que a grande maioria não retorne às práticas infracionais, basta ler os textos para conhecer de fato onde está a raiz do problema, para combater a causa e não apenas o efeito.

Apresentação

Palavras que libertam

Rosane Svartman

"Eu quero falar do mundo lá fora, quero que o mundo tenha que virar novo, que tenha mudanças no mundo."

Este livro é um mergulho em histórias de vidas que você não conhece. São pequenos textos e poemas, alguns catárticos e outros reflexivos, que narram trajetórias, sonhos e trazem declarações de amor de jovens infratores de 13 a 18 anos, que buscam reescrever suas vidas. É uma leitura que nos aproxima de vozes invisibilidades pela sociedade. Através do projeto *Palavras que Libertam* adolescentes que cumprem medidas socioeducativas ganham voz. E são vozes potentes, emocionantes e emocionadas, que nos arrebatam.

"Eu sou o J. G., vamos começar assim, eu sou um menino de olhos pretos, cabelos escuros, meia altura, eu tenho uma hérnia na barriga, eu nasci com sopro no coração porque minha mãe usava muito crack."

Muitos textos são relatos da entrada para o "mundo do crime" ou como era a vida antes da chegada na "mansão" – como alguns chamam a unidade do DEGASE.

"Passei noites e dias acordado dentro do mato portando pistola e fuzil, vivi trocando tiro com a policia, sem medo de morrer, achava que eu era homem mais forte do mundo..."

Privados de liberdade, alguns destes jovens pensam no que deixaram para trás e a grande maioria escreve sobre o amor incondicional de suas mães. Chama a atenção o desejo de transformação para corresponder a esse amor e ausência da figura paterna.

"Já cansei de fazer a minha mãe sofrer, daqui pra frente só quero ver minha mãe feliz."

"Só quem já sofreu atrás das grades
Sabe o que é a dor de uma saudade"

Uma grande parte dos textos fala se sonhos e promessas. São relatos que nos fazem perguntar que futuro nossa sociedade pode proporcionar para estes jovens.

"Meu sonho é construir uma família e poder andar de cabeça erguida, ser tratado como um cidadão. Transformar a minha vida em uma página em branco."

Conheci Binho Cultura no prêmio IPL (Instituto Pró Livro) em 2019. Desde então, me prometi que não perderia Binho e nem esta iniciativa de vista. Binho costuma dizer que é "fruto da literatura" e assim como a palavra mudou sua vida, acredita que pode mudar a dos jovens do projeto. A leitura deste livro traz um novo olhar sobre quem são estes jovens, construindo pontes de empatia. Afinal, não basta que eles queiram reescrever suas vidas, nós, como cidadãos, como sociedade, precisamos ajudá-los.

Prefácio

Major Márcio Rocha

Educação é a nossa esperança. Só a educação transforma. Investir em conhecimento rende sempre os melhores juros. Estas frases clichês compõem o nosso arquétipo pedagógico, mas afinal, como influenciar adolescentes em conflito com a lei, que mal sabem compreender aquilo que leem, a despertarem o interesse pelos estudos?

Motivado por esse desafio, o educador socioeducativo, empreendedor social e escritor, Binho Cultura, desenvolveu no DEGASE um projeto de incentivo à leitura e confecção de textos e de forma estratégica adotou a linguagem utilizada pelos próprios jovens. Ler um livro passou a ser uma forma de "sabotar o sistema", pois era possível estar em outros lugares, mesmo estando em privação de liberdade. O professor que escreve livros, mora em comunidade, sabe o que "nós vive" e fala igual "nós", faz com que os jovens também se sintam capazes, pois se identificam com ele. "Tá maneiro sim" assistir as aulas do projeto, porque a relação gerada se tornou franca e de extrema confiança. Ele "fortalece nós" com os livros para a gente ler, o ambiente criado durante as aulas estimulou o interesse pela leitura.

Dezenas de textos foram confeccionados pelos alunos e o sucesso foi tão grande que as oficinas do Projeto Palavras que Libertam se tornaram parte do plano político pedagógico da unidade socioeducativa Escola João Luiz Alves e, para materializar a frase que dá nome ao projeto, foi instituída uma espécie de peça processual denominada autodefesa, que consiste em uma redação feita pelos jovens relatando os motivos pelos quais eles entendem que merecem progredir de medida (ser liberado ou passar para a medida de semiliberdade). Esse documentou passou a compor o relatório de avaliação dos adolescentes remetido à Vara de Execuções de Medidas Socioeducativas, ou seja, efetivamente as palavras libertam!

A seleção de algumas dessas dissertações deu origem ao livro *Palavras que Libertam*, convido a todos para se deliciarem com o conteúdo produzido pelos jovens e se tornarem juízes por um dia, refletindo se a criação textual é uma ferramenta eficaz de desenvolvimento humano!

Márcio Rocha
Diretor do DEGASE (2019-2021)

Siglas:

Cense – Centro de Socioeducação

EJLA – Escola João Luiz Alves, também conhecida como Mansão, esta unidade socioeducativa foi o Palácio do Governador na antiga Guanabara.

DARUA
O MELHOR DA REVISTA DARUA
E.J.LA
E.J.L

TEMA

MINHA HISTÓRIA

Prazeres e Ilusões

Cense Dom Bosco

Eu sou Natan, tenho 20 anos, no ano de 2021 e a história da fase mais conturbada da minha vida começa com uma garota em 2016.

Era tarde, quando fui apresentado a uma garota no pátio da escola, o nome dela era Sarah e logo a cumprimentei, mas por uma cantada eu cortei o clima e tomei um tapa na cara. Semanas depois ela apareceu na escola depois de um tempo sumida, aí conversamos, trocamos olhares e ficamos depois da escola.

No início do relacionamento ela deixou bem claro que era Da Vida e mesmo assim a aceitei, portanto, nosso relacionamento se tornou sério. A vida era realmente prazerosa com ela, tudo se tornava fácil, mas não é assim que a banda toca. Eu era um garoto promissor no Rugby, tinha trabalho como garçom e era bom aluno, mas a influência de Sarah sobre mim era forte, tão forte que repeti um ano na escola em 2016, por faltas causadas por passeios íntimos, gastava todo meu pagamento em bebidas e quase me tornei um alcoólatra e então vem uma situação de eu ter que quase parar meus treinos, pois corri risco de me tornar pai, mas ela perdeu a criança.

Minha vida estava desabando e as coisas não andavam tão prazerosas assim... só que pesava, cego e não queria enxergar a situação pelo lado certo. Em 2017 me envolvi em mentiras grandes para livrar ela de situações complicadas que minha família desconfiava. Aprendi a roubar, virei cafetão dela e cheguei até a fazer uma tatuagem paga pelos programas dela, e sobre o dinheiro? Era repartido e até de vez em quando ela me dá alguns presentes.

Consegui recuperar meus estudos nesse mesmo ano, firmei no Clube de Rugby e joguei contra a Seleção Juvenil da Inglaterra, e parei de tomar álcool em excesso.

Em 2018 passei de ano... Era finalmente o 1º ano do Ensino Médio. Eu estava de férias, ansioso para começar as aulas, quando em janeiro ela fugiu de casa e semanas depois eu fugi também. Acabei me envolvendo em uma morte, sumi por Cabo Frio e 2 semanas depois voltei para Niterói, fui preso no terceiro dia, mas voltei para casa por não ter flagrante.

Eu abri os olhos a partir do momento que me vi em uma cela com mais de 6 menores em agosto, quando o mandado de busca e apreensão bateu e fui apreendido, ela me abandonou, sumiu, cumpro até hoje, no ano de 2021. Perdi 4 anos de liberdade, 3 aniversários, meus e de meus familiares, 3 natais e anos novos, perdi oportunidades no esporte, atrasei meus estudos e deixei de viver coisas boas.

Hoje busco redenção pelos meus pecados e agradeço de uma certa forma por ter me causado tudo isso. Como diz o ditado "Há males que vêm para o bem". Tenho 20 anos, criei maturidade e sei que nem tudo na vida é feito de prazeres. Este é o resumo desta fase conturbada da minha vida.

N.S.S. – 20 anos

Niterói, RJ

Vazio

EJLA

"Sei lá". Talvez seja uma ótima frase para o vazio, mas o vazio é muito mais do que um espaço sem forma. Você olha para uma caixa, um pacote que aparenta estar vazio. O que significa o vazio pra você? Qual é a primeira coisa que vem na sua mente quando escuta o Vazio? Algo "Vazio", frio, úmido, sem forma, que não existe, mas que está lá.

É meio contraditório, porém, concreta e irracional, mas lógico, abstrato, super fácil, mas difícil. "Sei lá", também tem algo que me intriga, porque há vários tipos de vazios. "Vazio" emocional, "Vazio" irracional, "Vazio" literal, "Vazio" figurado. Há tantos vazios que chega a dar dor de cabeça de tanto pensar. E aí eu esvazio a mente, deixando fluir todo esse conhecimento que continha em minha mente. Porque preciso pensar pra esvaziar minha mente, para esvaziar a mente é preciso pensar. Então concluo que o vazio não é completamente vazio, pois ele contém algo nele que não vimos, que sentimos ou que tocamos que é muito importante, mesmo quem acha que não, o vazio está cheio de coisas acumuladas que nos achávamos saber ou ter e que no final não é nada, nada além de tudo.

"Sei lá" ou melhor "já sei" como é o meu silêncio.

M.S.S.

Arrependimento

EJLA

Todos os dias da minha vida, todas as noites, me ajoelho pedindo perdão a Deus por meus atos infracionais cometidos. Queria eu poder voltar lá antes de 3 de setembro e reverter o ato cometido, mas quando pensei nisso já estava atrás das grades.

A Culpa é toda minha por não ter ouvido os meus pais e ouvido os Conselhos dos outros, a outra parte da Culpa é dos Cientistas por não inventar uma máquina do tempo pra eu dar uma vigem no passado e consertar as Coisas, as peças que foram removidas do lugar. Peço que hoje não podem mais falar porque feri a luz dela, o único brilho que tinha apaguei, hoje me arrependo pelo que fiz, sair daqui, dar orgulho à minha família, comprar uma boa casa perto da praia e um bom emprego, mas pra isso tenho que estudar, trabalhar e Conquistar a Confiança de todos novamente. Logo, logo vai cantar a liberdade, vou sair lá fora e ver a cidade

L.A.

Desabafo

EJLA

Boa tarde Leitores, eu, J. G. vou desabafar um pouco sobre a minha vida. Eu nasci em um local espiritual que tinham pessoas que não ligavam pra mim. Minha mãe não tinha como me criar, ela era usuária de drogas e vendia tudo que eu tinha, fralda, leite, talco, etc. Só que ela tomou a decisão de me pegar e sair do local espírita e foi pra comunidade do São Carlos, só que lá minha mãe se relacionou com um homem, mas quando ela conheceu ele eu não era registrado, ela pediu pra ele me registrar no nome dele. Eles ficaram um bom tempo juntos, só que minha mãe voltou comigo para o local espírita, chegando lá mentiu falando assim: minha família não me quer mais lá, ela falou pro dono do local pra ele deixar que eu e ela ficassem porque ela não tinha como me alimentar, ela usava muita droga e o leite do peito dela estava empedrado, eu comecei a ter feridas no corpo inteiro quando um irmão de santo da minha mãe falou assim, ele tá quase morrendo, deixa eu criar ele, essa era uma decisão difícil pra ela, só que ela tomou a decisão certa e esse homem me criou, o nome dele era Antônio, aí comecei a viver momentos bons, com ele sendo meu pai, fui na praia, tinha roupa nova, etc. Só que ele pegou uma doença (HIV) ficou muito mal, não conseguiu sobreviver e morreu.

J.G – 16 anos
Morador em Situação de Rua

As coisas que o Crack faz

EJLA

Às vezes eu penso que eu sou diferente das outras pessoas, eu queria ter uma vida como uma pessoa normal, eu queria ter uma casa, queria um filho, trabalhar, tirar minha família da rua. Olha, eu nunca pensei que eu ia conhecer o crack, vou falar um pouco sobre ele. Eu sou o J. G., vamos começar assim, eu sou um menino de olhos pretos, cabelos escuros, meia altura, eu tenho uma hérnia na barriga, eu nasci com sopro no coração porque minha mãe usava muito crack. Olha só o que essa droga faz, tinha um menino que se chamava Marreco, ele já usava essa droga e eu não usava, ele falou – vamos dar uma volta – eu tinha 13 anos de idade, eu falei – vamos. Nós andamos um pouco, eu perguntei – como é? – ele falou – você vai ver – eu com um pouco de medo – mas fui, era um lugar pequeno, tinha pessoas de 11, 15, 30 anos de idade, eu perguntei qual era o nome daquele lugar e o Marreco falou Cracolândia, nós ficamos um pouco lá só olhando, foi quando ele falou assim – me espera aqui – eu disse – tá bom. Depois de alguns minutos ele volta com uma coisa pequena na mão, eu perguntei – o que é isso? Ele falou – Crack, ele perguntou se eu queria provar, eu pensei... Quero sim, depois dali comecei a usar por conta própria, fui comprando, usando, depois de uma semana comecei a vender minhas coisas pra usar Crack, vendia chinelo, camisa, bermuda, deixava de cortar o cabelo pra pegar o dinheiro pra usar Crack, fui ficando magro demais, virei um viciado dessa droga e no fim das contas o Marreco foi embora e eu fiquei no mundo dos zumbis, tive que roubar pra ter o Crack, também conheci o Thinner e me afundei mais, adivinha quem me apresentou o Thinner? Foi o Luiz Felipe, depois ele sumiu.

As perdas por causa do Crack

Perdi a confiança da minha família, porque roubei meu primo, fui preso muitas vezes, quase fui morto por causa do Crack, quase morri na boca de fumo, minha família não me aceita mais de jeito nenhum, perdi o respeito das pessoas que me conheciam, fiquei violento demais a ponto das pessoas terem medo de mim, só usava dinheiro pro Crack.

Aviso

Vocês que pensam em usar, esquece! Você não pode acabar com a sua vida, pode perder a confiança das pessoas que te amam, pode perder o que você conquistou, sua família.

J.G – 16 anos
Morador em situação de rua

Vida
EJLA

A vida é feita de escolhas, eu estou aqui é pela minha escolha, tudo serve de aprendizado, mas Deus sabe de todas as coisas, vou sair daqui, vou voltar estudar, mais pra frente arrumar um emprego, ter minha família, aproveitar muito a vida, eu acho que essa vida não me satisfaz, eu juro que quero me mudar daqui, vou atrás de um progresso pra me adiantar, só quero ver minha família mais feliz, um sorriso no rosto da minha coroa vale mais do que um par de ouro. Abro a janela pro vento bater o que for ruim deixo o vento levar, enquanto eu tiver força pra viver eu nunca vou deixar de sonhar e se Deus é por mim que será contra mim? Se um trabalho eu arrumar, ninguém vai poder me criticar porque eu vou estar fazendo coisa boa, vou estar correndo atrás do meu, sem tirar de ninguém, isso que importa.

F. C.

Amizade

EJLA

Amigo é aquele que te chama pra trabalhar
Aquele que te ajuda a mudar de vida
Te faz sair da vida bandida
Isso que é amigo

Mas aquele que te chama pra roubar, matar e destruir
O inimigo usa as pessoas pra fazer isso
Ele me usa pra fazer isso

Simplesmente estou aqui preso aqui dentro
Eu cometi o crime lá fora
Eu acabei caindo aqui dentro,
é a segunda vez que estou aqui dentro
Um dia a liberdade vai cantar
Vou dar exemplo pros meus irmãos que estão lá fora
Na volta pra minha família

A.I.S.S.

A minha historia

Todo dia acordo cedo
Na hora da contagem
Pensando em tá com a família
Tranquilo suave à vontade
Na paz de Deus em cima da Laje
Penso em fazer merda mais também
Penso em fazer coisa boa
Mas o melhor que eu penso
Mesmo é dá orgulho à minha coroa
Com muita fé que eu tenho
Que alguma hora ou algum
Dia papai do céu me abençoe
Muita fé, que Deus abençoa

T.C.A. – 15 anos, 21/06/2021

Minha Historia

EJLA

Nasci filho de dois pretos, nasci branco e fui rejeitado pelo meu pai pela minha cor branca e por ele ser preto, não conheci ele na minha infância, fui conhecer na minha adolescência todo momento ele sabia que era meu pai, sempre e não me falou nada.

Fui crescendo, passei a não gostar de escola e vendo a minha mãe sofrer por minha causa, eu nem ligava pro sofrimento dela. Depois conheci o mundo do crime. Passei noites e dias acordado dentro do mato portando pistola e fuzil, vivi trocando tiro com a polícia, sem medo de morrer, achava que eu era homem mais forte do mundo, depois comecei a roubar, pegava o que não era meu dentro e até fora de casa. Depois comecei a descer pro asfalto pra assaltar e fazendo a minha mãe sofrer mais ainda, parei na delegacia, fui conhecer o abrigo, evadi do abrigo, voltei a praticar as mesmas coisas, foi quando fui preso e tive a primeira passagem, só tive revolta, aos 13 anos apanhei e bati e saí pra cometer os mesmos crimes, daí fui tendo 6 passagens com 16 anos. Na terceira passagem foi a que sofri mais, pois tirei a vida de uma pessoa e eu falava que nunca ia tirar a vida de ninguém, fui preso e fugi cheguei lá fora, pensei que seria julgado, mas dentro da favela muitos gostaram do que eu fiz, quem não gostava de mim passou a gostar, quem não me dava confiança passou a me dar. Depois de um tempo entendi que todo esse respeito que as pessoas me davam era medo! Pra não fazer o mesmo com elas, por isso elas me "respeitavam" e me olhavam com outra cara.

Depois de tudo isso, o poder foi subindo à cabeça que foram me dando, cheguei pedir pra ir pra guerra, mas não deu tempo, fui assaltar de novo e na troca de tiro tentei matar policiais pra não ser preso, fui baleado, tomei um tiro na perna e acabei sendo preso de novo. Pensei que não ia mais poder correr nem brincar por causa do tiro que tomei, na primeira oportunidade que tive fugi de novo, voltei pro crime e pra mesma vida, estava no plantão e veio uma pastora me orar e os que estavam comigo, falando que eu teria um livramento de morte e Deus ia mudar minha historia de vida, pediu pra eu ir igreja segunda feira que ela ia me falar o livramento, neste dia preferi sair pra roubar de novo, estava numa moto e fui roubar um carro, meu amigo me abandonou e me deixou sem arma e os policias chegaram atirando e eu dentro do carro, tomei um tiro de 762 que atravessou o capacete, mas não atingiu a minha cabeça, nem uma marca de tiro, cheguei no hospital o policial viu que não tinha nada na minha cabeça e o policial pediu pra eu mudar de vida, ele disse que nunca viu nada parecido olhou para a minha mãe e disse:

– Senhora seu filho não está morto, mas do jeito que seu filho está, se continuar assim o destino dele é a morte.

Minha mãe disse:

– Pelo amor de Deus, posso ver ele?

– Sim, você é a mãe, tem todo direito!

Minha mãe entrou e me viu algemado na maca, olhou e disse:

– Meu filho, você tomou banho, se arrumou e disse que ia ficar lá em cima do morro com os seus amigos, minutos depois veio seu amigo dizendo que você estava baleado no chão, eu não acreditei no que ele disse e rezei pelo amor de Deus, meu filho não! Eu senti o que estava acontecendo e veio sua prima gritando e correndo, com sua foto no telefone gritando: Jéssica seu filho está morto! Comecei a chorar e me joguei no chão, gritando, pelo amor de Deus, meu filho não, meu único filho homem, minha filha gritando: mãe o que está acontecendo? Cadê meu irmão? Saí correndo, peguei um taxi e vim até o hospital.

Vi ele saindo do hospital entrando no carro da polícia e sendo preso de novo, já sabia que a cadeia ia fazer bem pra ele, porque lá eu sabia que ele estaria guardado e lá dentro ele me escutaria mais e teria muitas pessoas dando conselho pra ele mudar, eu sabia que ele faria curso, estudando, fazendo jovem aprendiz, eu sabia que de lá de dentro Deus ia mudar meu filho, ele seria outra pessoa e sempre que eu chegava na visita, ele vinha falando que estava estudando e aprendendo coisas maravilhosas com os professores com as técnicas e psicólogas e toda hora ele falava que ia ficar tranquilo quando saísse de lá de dentro ia virá MC, eu acreditei e sempre vou acreditar, porque ele é meu filho, me dá desgosto mas também me faz feliz, eu sei que ele um dia vai ser o homem da família, vai me dá muito amor e muito orgulho e chegou a falar pra mim que dava conselho pros garotos saírem do crime que na vida do crime ele já sabia que se os garotos continuassem, iam ficar igual a ele ou pior.

De tanto ele ganhar conselho ele ia dar porque isso estava fazendo ele ser uma pessoa melhor e tinha conselho que funcionava e também conselho que não funcionava, tinha pessoa que era mais cabeça dura e os conselhos entravam por um ouvido e saiam pelo outro, ele ia vendo de pouco a pouco que perdia grandes amigos e cada vez mais enxergava que essa vida que levava não era vida, ia ter um momento que ele ia ter que sair de lá da cadeia onde ele cumpria medida e já estava acabando a medida dele. Ele já tinha planos para sair da cadeia e levar uma vida que ele não tivesse mais problemas e dar uma vida melhor pra família e descansar em paz.

P.C.R.C.

A minha história

EJLA

Quando tinha 12 anos de idade conheci o cigarro e a maconha, quando provei só queria saber disso, desrespeitava, comecei a me misturar com amigos maus influentes, aí me viciei nas drogas, comecei a sair de casa, quando fiz 14 anos de idade fiz duas tatuagens escondido, depois comecei a me misturar com maus elementos na escola, comecei a matar aula, a usar droga com mais frequência e conheci o crime, dinheiro fácil, mulheres, luxo, armas, tudo o que é bom, mas tudo ilusório...

P.J.V.F
Palmital – Rio das Ostras – RJ

Desde o momento que eu aprendi a falar, andar e ter a capacidade de compreender as coisas até os 9 anos de idade, eu morava em São Pedro da Aldeia, estudava e brincava normalmente, logo após eu me mudei pra Cabo Frio e comecei a me envolver nas coisas erradas, comecei andar com más influências nas escola durante quase 3 anos, com 12 anos eu já metia a mão, estava curtindo vários bailes, usando várias drogas. O tempo foi passando até que um dia tive a minha primeira passagem, depois a segunda, terceira, a quarta, e já estou na quinta e última, vou ficar tranquilo com a família, parar de viver para os outros e curtir a minha vida com minha coroa. Já estou um tempo nisso, tudo que conquistei perdi pros cana ou com dívida, já peguei a visão que não vale a pena, quem está ainda eu peço que Deus proteja, porque eu tô suave da vida do crime, já passei por várias coisas por nada. Quando eu sair, vou lá pro nordeste, no Piauí, começar uma nova vida com a minha família.

P.A - 15 anos
Favela do Lixo - Cabo Frio - RJ

Minha história

EJLA

Nascido e criado no morrão
Hoje eu tô aqui na mansão
Refletindo no mundão
Esperando a minha liberdade
Pra refletir nos meus erros
Já quase perdi a minha vida
Mas, graças à minha família
Tô vivo, porque ela ora por mim todos os dias
Mas graças a Deus eu posso refletir por mais uns dias
No silêncio da madrugada eu reflito na minha família
Penso como posso mudar isso todos os dias
Mas eu não perco a minha esperança
De ir embora um dia, eu peço a Deus
Que ele me livre da crueldade do dia a dia
Também possa ajudar a minha família
Nos impactos do dia a dia
Também peço que ele dê forças pros meus amigos

E.S.C. – 16 anos
Complexo da Âncora – Rio das Ostras, RJ

A minha história

EJLA

De dentro de um sala da unidade da EJLA eu escrevo a minha história, eu sempre tive e ainda tenho uma mãe muito presente na minha vida, no meu presente e no meu futuro, minha mãe sempre foi Mãe e Pai, porque meu pai faleceu, eu era muito novo, então minha mãe teve que batalhar desde cedo, por isso sou grato a ela, um dos motivos da minha revolta é o meu irmão, porque ele é 5 anos mais velho do que eu, eu sempre levei bola pra ele, meu irmão nunca foi grato pelo esforço e pela dedicação, ele sempre foi ingrato, ele também fez coisas com ela que um filho jamais poderia fazer, mas, graças a Deus eu me controlei e sei o meu lugar ao lado dela. Aqui na unidade foi aonde eu parei para pensar porque eu virei ladrão, eu perdi muitas amizades, os amigos do bem, quando eu jogava bola, as minas da pista, aquelas filhas de mamãe e papai, ou melhor, patricinha, tudo queria ficar comigo, eu tinha muitos contatos de várias patricinhas, mas infelizmente só aqui dentro eu peguei a visão que elas foram sumindo. Mas graças a Deus tive uma chance, mais um livramento, agora estou disposto a sair daqui e escrever uma nova história e mostrar na prática pra Deus quem eu realmente sou!

P.F. – 16 anos

Cidade de Deus – RJ

Educandário Santo Expedito

Daria um filme...

Um menino que nasceu na cidade de Niterói na favela Coronel Leôncio, foi criado pela mãe e pela avó aos 5 anos de idade seu pai foi embora de casa pra morar com outra mulher. E sua mãe batalhou muito pra dar melhor aos seus filhos um dia a mãe do menino conheceu um homem ao qual ela se apaixonou e foi morar com ele e seus filhos. E o menino foi crescendo e se misturando com más companhias perdeu o primo de 9 anos de idade foi ficando bolado com a vida começou a fumar maconha com 10 anos e sua mãe fazendo de tudo para o seu filho não se envolver no crime.

Aos doze anos esse menino começou a roubar com seu amigo de infância. Não saía da favela e sua mãe preocupada com seu filho. Ela se mudava várias vezes por causa de seu filho. E o menino se revoltando porque morriam várias pessoas que ele amava e também ele se revoltava pelas coisas que as pessoas falavam, mas só que ele não fazia e isso deixava ele bolado.

Um belo dia esse menino falou assim: já que as pessoas falam coisas que eu não faço, vou começar a fazer.

Começou a se envolver na boca de fumo com quatorze anos e sua mãe não dormia direito e foi levando a vida e o crime ao pé da letra. Fez vários assaltos, ficou super pichado pelos alemão, e um belo dia andando de moto foi enquadrado e preso. E sua mãe muito triste com isso, mas não abandonou em nenhum instante.

M.S.
Favela Coronel – Niterói – RJ

EJLA

Com o tempo preso dentro da Mansão fez eu refletir nas coisas que eu fiz e não agradaram aos meus pais, mas o tempo preso me ajudou a abrir a minha mente, fez eu pensar na família que tenho, quem fecha comigo para tudo que eu precisar. Eles estão me ajudando, estão fazendo mais ainda, abrindo a minha mente, agora sei que bem que essa vida não me levou a lugar nenhum, só me trouxe aqui para dentro desse lugar, mas eu também acho que venci. Isso porque não ouvi as pessoas que me amavam, as pessoas que querem o meu bem, mas quando eu chegar lá fora irei ficar justamente com as pessoas que querem o meu bem e também irei em vez de trazer desprezo para a minha família, irei fazer o que deveria fazer desde o início, fazer eles se orgulharem de mim, irei trabalhar e ter meu dinheiro suado, eu sei que trabalhar é difícil, mas irei me esforçar para ter um futuro melhor. Lá fora, passei por vários momentos difíceis na vida que me fizeram entrar nessa vida, mas esse lugar que estou não é o pior, é um lugar de aprendizado que me exigirão a aprender e a abrir os olhos no livro da vida. Minha história não é triste, mas o lugar que estou sim, porque ele que me deixou triste e fez ver o que minha família é capaz de fazer só pra me ver bem, por isso vou mostrar para eles que posso me tornar uma pessoa melhor e irei fazer isso agindo na pureza, virando uma pessoa melhor isso é o que tenho para falar.

A.R. – 16 anos
Favela Recanto – Rio das Ostras

A minha história não é muito complicada, nem muito simples, apenas uma história de um garoto que queria vencer na vida e dar o melhor para a minha família, apenas não sabia por onde começar e comecei como vários garotos, estudando, brincando, soltando pipa e jogando bola.

Quando completei meus 12 anos de idade conheci vários amigos que na verdade não eram amigos e sim más influências, que me ofereciam drogas tipo maconha, cigarro, bebidas alcóolicas e só me chamavam para fazer o que não presta. Como eu era mente fraca acabei indo pela cabeça dos outros e minha mãe sempre do meu lado me orientando e me apoiando mesmo sabendo que eu estava fazendo o errado, mas os anos se passaram e com 15 pra 16 anos larguei a escola por conta das más influências e entrei para a boca de fumo e achava que tudo na vida era um mar de rosas, até perceber que nada na vida era fácil, principalmente na vida errada, e mesmo sendo integrante do comando vermelho, via que aquela vida não era pra mim e nem para ninguém, mas mesmo assim eu insisti em continuar nessa vida até que em julho de 2020 fui preso por um ato infracional que cometi no artigo 22 e como era minha segunda passagem, ganhei uma medida de internação e fui parar na Mansão, tirei 4 meses e 17 dias de cadeia e ganhei um CRIAM, logo quando cheguei em casa senti a melhor sensação da minha vida, aquela sensação de liberdade e se passaram 2 semanas e voltei para a boca de fumo de novo.

Os dias foram passando e perdi umas drogas que no total de um 6 mil reais, fui traficando os dias, dia e noite, noite e dia, na chuva e no sol fiquei 2 meses e alguns dias para quitar minha dívida e finalmente consegui terminar de pagar. Quando terminei, somei um dinheiro e ganhei uma responsa maior naquilo que eu estava, comprei uma moto e achava que era o tal do momento – O Imbatível – e acabei me ferrando de novo, caindo aqui dentro do sistema de novo e parei para refletir bem sobre a minha vida e vi que nos piores momentos só que estava e quem está do meu lado é só quem me ama de verdade. E vi que era só minha mulher, minha família, meu sonho era ser jogador de futebol, mas infelizmente não consegui, mas nem por isso vou desistir de seguir a minha vida e vou continuar tentando até o fim, porque acredito na minha capacidade e quando sair daqui quero dar um belo futuro com minha mulher para minha coroa e uma boa vida e condição para ela e meu pai.

Antes eu chegava em casa, só encontrava minha mãe chorando, de joelhos e orando pela minha vida, agora meu desejo é mudar de vida, viajar com os meus pais pelo mundo e conhecer os Estados Unidos, fora outros países e me formar no Exército Brasileiro e nunca vou desistir dos meus sonhos, porque se que sou capaz de tudo e aprendi com a vida como ser um cidadão de bem e nunca mais abaixar a minha cabeça pra ninguém.

E.O.
17 anos
Bairro Manoel Corrêa – Favela do Lixo
Cabo Frio, RJ

Família
EJLA

Fala rapaziada, meu nome é Natan, moro na comunidade da Vila Aliança, que se encontra em Bangu e família pra mim é uma coisa muito importante, porque dentro de uma relação, família tem que se ter União e Felicidade, eu sou um garoto que não tive muita assistência da família, na maioria das vezes as brigas dentro de casa era muito, até uma vez minha mãe me expulsou de casa, foi quando eu fui morar com uma tia minha, já passei quase pelas casas da minha família até não existir mais lugar para ficar, depois de tudo isso eu comecei a andar com pessoa mais velhas que eu, foi aí que eu percebi que eu estava num lugar sem saída, como umas pessoas falam. Melhor apanhar de mãe do que apanhar da vida, nunca ouvi as coisas que minha família falava pra mim, hoje percebo que estava tudo errado, já cometi roubo, já trafiquei, já roubei, tudo por não ouvir minha família. Hoje estou preso, estou 1 ano e 1 mês... Ai, se lá trás eu ouvisse minha mãe.

N.V.S. – 17 anos
Vila Aliança – Rio de Janeiro

A minha história
EJLA

Olhando lá pra fora vejo esse mundão, imagino eu, minha família e meus irmãos, andando pela rua, escutando um som, mas nessa vida eu não vou chegar a lugar nenhum, quase todo dia que eu acordo vou pro kokobol refletir, fico imaginando minha família sorrir. Quando era criança minha mente tava se aprofundando no crime, entrei pro crime mais por amizade, fui começando a me envolver, logo comecei a fumar, só aí minha mente começou a mudar, aí fui vendo que comecei a traficar nessa daí eu fui ver que era criança com mente de adolescente, nessa daí minha família foi percebendo que fui aprofundando já começaram a me dar conselho pra eu mudar, mas comecei ainda mais a me aprofundar, minha família foi percebendo que eu tava cada vez mais mudando a minha vida, comecei como vapor, fui crescendo de cargo, começou a aparecer mulher, carro, moto, dinheiro, aí fui me iludindo com o crime, pensei que tava bem, mas esqueci da minha família que tava comigo, independente de tudo, mas fui dando mais valor ao crime e esquecendo do meu tesouro que era a minha família, depois de anos, fui subindo de cargo, comecei a ganhar responsabilidade, mas aí fui arrumando desavença dentro de casa, hoje estou aqui, preso, e quem está do meu lado e não me abandonou?

W.A.S.F.

Nova Cidade – Rio Bonito, RJ

Minha história de vida

EJLA

Meu nome é F. tenho 16 anos, criado em Realengo, meu sonho era ser jogador de futebol, mas por certa circunstância ele mudou e vou explicar por quê.

Eu sempre gostei de futebol, nas peladas na área, sempre destruía, sempre gostei de jogar com pessoas mais velhas que eu, nisso, um amigo do meu pai falou pra ele assim:

– "Pô, teu filho tem futuro, bota ele numa escolinha."

De tanto que eles falaram meu pai me colocou, primeira escolinha que comecei foi Marã T.C com 8 anos, dali pra frente as coisas mudaram, um treinador de campo me procurou, porque lá era futsal, até que depois ele achou a Escolinha do Vasco, aí fui pra lá e comecei a treinar e disputar campeonatos, fui ganhando troféus e muitas medalhas, aí fui jogar em outra cidade, até que um dia fui chamado pra fazer um teste no Clube Vasco da Gama mesmo, só que tinha pouco tempo pra me preparar, aí chegou o dia da minha avaliação, dei o meu melhor, só que não foi o suficiente para entrar pro clube, voltei da escolinha, continuei treinando e disputando campeonato e ganhando troféus. Depois de um tempo fiz outro teste, para um time de outra cidade, passei e fiquei muito feliz, era a oportunidade de mudar de vida, mas quando chegou a hora de relacionar os meninos o empresário dos outros jogadores tirou o meu nome pra colocar o jogador dele que não tinha passado, aí fiquei de fora, revoltado, não quis mais saber do meu sonho, comecei me envolver com coisas erradas e vim parar aqui.

F. – 16 anos,
Realengo, RJ

A vida é para ser vivida, mas não podemos viver a vida com frequentes problemas, principalmente em nossa adolescência, é a hora em que você quer ficar absoluto, usar roupas de marca, tênis de marca, no começo, depois a situação vai mudando para pior, geralmente saindo da escola, depois fica pior porque não consegue arrumar trabalho, já fora da escola não temos nenhuma ocupação, ficamos de bobeira no morro, andando com uns e outros pra cima e pra baixo, infelizmente essas andanças são sempre com má companhia, o começo de tudo quando alguém oferece um cigarro ou uma bebida alcóolica, você, pra se dizer o tal, aceita, depois vem o uso de drogas, você fica dependente e o pior, você não tem dinheiro para sustentar o vício, alguns vendem as coisas de sua própria casa, outros chegam a vender a roupa do corpo, você não vê mais jeito, entra pro tráfico, aí talvez você não sabe, mas esse é o seu pior pesadelo, porque você fica no meio da guerra e os próprios amigos querendo te afundar, os policiais sufocando direto, é tipo uma simpatia, se você dinheiro você fica na rua, mas se for um bandido humilde, reze para você nunca conhecer o xadrez, mas a vida do crime não formada só por viciados, também tem as pessoas que se deixaram envolver pela ilusão, outras entraram por motivos de revolta.

CLARA DOS ANJOS
Lima Barreto

TEMA

SONHO DE CRIANÇA

Sonho de criança
EJLA

O meu sonho de criança sempre foi primeiramente dar uma condição melhor para minha família, segundo sempre foi ser bombeiro, mas o que não deixava eu realizar sempre foi as más amizades e também na verdade na verdade não gostar muito de frequentar a escola, mas nunca desisti do meu objetivo porque primeiramente é foco, força e fé em Jesus Cristo, então nunca desisti, mas com o passar do tempo, por cerca dos 11 pra 12 anos entrei pro crime e esqueci da família entre aspas! Esqueci do meu presente, do meu sonho e dos estudos, comecei no tráfico, com o passar do tempo parei de estudar, parei de dar atenção à família e fui só me aprofundando no crime, com uns anos perdi meu sonho, cometi uns roubos e fui preso agora tô cumprido minha medida e agora quando sair quero recomeçar minha vida e meus sonhos realizar e também dar do bom e do melhor para minha família, e esse é um pouco de mim.

V.A. – 14 anos
19/07/2021

Sonho de criança

EJLA

Meu sonho de criança era ser jogador de futebol, tipo Neymar, Messi e CR7 mas era muito difícil para mim porque sempre tinha alguém ou alguma família que julgava e tirava o meu foco.

Mas agora que eu aceitei Jesus nada e ninguém vai poder me rebaixar porque eu sei com quem meus sonhos estão agora e eu já estou com uma meta em mente quando eu sair da E.J.L.A vou fazer curso de advogado por agora o meu sonho é ser advogado ou médico, porque eu quero ajudar o próximo, e uma coisa para quem ler esse texto, saiba que seus sonhos são possíveis se você crer e ter fé.

A.C. – 15 anos
São Gonçalo, 20/07/2021

Sonho de criança

EJLA

Quando eu era pequeno meu pai falou quando você crescer você vai ser o que eu falei, bandido, ele falou você vai ser o que eu falei, aí eu falei: de novo? Aí ele me deu um tapão na cara, aí eu falei vou ser policial kkkk, depois quando eu completei 12 anos aí eu morei na rua depois peguei e entrei pro tráfico de drogas fui preso duas vezes contando com essa é a segunda aí hoje eu penso em trabalhar e comprar uma casa melhor pra eles e ter minha mulher e meu filho.

A.I. – 17 anos
20/07/2021

Sonho de criança

EJLA

Meu sonho de criança era que minha mãe não morresse, aos 6 anos de idade perdi minha mãe e meu pai e meu verdadeiro sonho era ter meu pai e minha mãe presente mas infelizmente não tive essa oportunidade mas hoje meu verdadeiro sonho é ser do exército e dar pros meus filhos o que eu não pude ter, eu acho que é sonhar e acreditar fazer acontecer, porque a esperança é a ultima que morre, se minha mãe não tivesse morrido meu sonho seria fazer ela sentir orgulho de mim na escola e todas as coisas que eu fizesse.

G.C.
20/07/21

Sonho de criança

EJLA

O meu sonho de criança era ser jogador até eu me iludir nessa vida de crime, mas se Deus quiser eu logo logo vou estar solto e fazendo diferente, cuidar do meu filho, fazer minha própria casa, ter meu veículo e ser um novo homem a aula do Bin Cultura transforma minha mente de sujeito homem agora eu penso mais pra frente quero vê o bem de todos, é isso.

K.Q.

São Gonçalo, 20/07/2021

Sonho de criança

EJLA

Quando eu era pequeno eu tinha muitos sonhos, meu maior sonho era ser polícia federal, mas com o passar do tempo eu fui mudando a mente e hoje em dia eu só penso na família, penso em ser um dia, se eu morrer, deixar pelo menos uma casa e uma boa vida pra minha mãe e para os meus irmão só penso isso, é o meu maior sonho, deixar minha família bem de vida.

N.V. – 18 anos, 20/07/2021
Vila Aliança – RJ

Sonho de criança

EJLA

Meu sonho de criança era ser do quartel, era não ainda é, mas só que o tempo foi passando eu fui crescendo fui conhecendo mais outras coisas e hoje em dia eu quero fazer um curso de engenharia civil. Meu sonho é esse quero poder ser alguém na vida, poder dar orgulho pra minha mãe, viajar o mundo todinho com ela e também mostrar pra ela o homem que me tornei.

W. M.
20/07/2021

Sonho de Criança

EJLA

Todo sonho de criança é ser alguém na vida, quando criança queria ser um Bombeiro, um coronel, nunca deixei de correr atrás do meu sonho, sempre quis dar um futuro para a minha família, estou no Degase, mas não sou do Degase, eu aprendi que tem que dar valor à vida porque a vida é uma só, eu não quero que a minha coroa fique sendo humilhada pelas coisas que eu fiz, nesses oito meses que eu tô aqui aprendi que estou pagando pelo ato que cometi, não vou desperdiçar a minha liberdade que eu vou ganhar.

W.S.B

Nessa vida
Eu sempre aprendi
A fechar com o certo
Plantar o bem
Para não colher o mal
Mas nessa vida
Nós vale o que tem

V.S. 16

Liberdade do menor

EJLA

Passei lutando contra a agressão pra tentar viver na pista e ganhar o pão de cada dia e poder ajudar minha família

Tô aqui lutando mais um dia longe da luz do dia e da minha família, grande gestão não inteligente

Mas tudo bem, a chapa é quente, sem poder andar, mas só admirar um dia lá eu vou chegar pra minha historia renovar, um dia o portão atravessar com um CRIAAD ou LA logo 2x chegar no mundão pisar pra minha vida mudar a liberdade chegar minha família abraçar.

Ou então um beijo na coroa e no meu amor.

E.S. 16
Rio das ostras

Esperança

EJLA

A minha esperança é que eu tenha uma solução para os meus problemas porque eu acho que só estou na vida do crime para fugir deles, "meus problemas". E que algum dia eu seja livre, para passear com meu filho livremente, sem me preocupar com a polícia e até o próprio tráfico mesmo. Porque se pudesse voltar no tempo eu gostaria de saber bem menos do que muita coisa. Porque por conta de eu estar bastante envolvido tenho medo de sofrer represálias do crime. Mas é isso, apenas quero e busco solução.

L.H.

13/07/2021

Meu sonho de criança

EJLA

Meu sonho sempre foi ser bombeiro, mas a vida foi me levando para outro caminho, o caminho do crime e o meu sonho foi deixando de ser um sonho e foi mudando a minha história e o crime foi chegando mais perto e foi me abraçando mais e mais e meu sonho foi apagando cada vez mais e fui deixando me levar aí teve um dia que acabei sendo preso e fiz minha mãe chorar e agora quero acabar com esse sofrimento da minha mãe eu quero começar uma vida nova quero virar a página da minha vida quero dar uma vida melhor para a melhor mãe, eu quero uma vida nova.

T.A.
19/07/2021

Sonho de criança

EJLA

Quando criança pensava em ser Bombeiro, nascido em Magé, morava em Fragoso, brincava como toda criança normal, não imaginava em virar bandido, porém, os tempos foram passando e eu me mudei para Unamar, 2º Distrito de Cabo Frio, lugar chamado Sinagoga, onde havia muita covardia e assaltos, até que uma das vítimas foi a minha mãe, chegou ganhar coronhada na cabeça, até que nos mudamos para um lugar mais tranquilo, chamado Aquários, onde não era permitido covardia, nem assaltos e eu aprendi a conviver até como uma pessoa normal, estudando, trabalhando, até que meu irmão morreu. Me revoltei, entrei pra boca, comecei como todo iniciante, no rádio, até que subi para a segurança, comecei a vender drogas como vapor e virei segurança do gerente, ganhava bem, mas nunca consegui fazer nada com todo esse dinheiro, até que fui preso e parei para refletir e hoje meu sonho é servir ao quartel e dá orgulho pra minha família e fazer o que eu nunca consegui com essa vida de atrasos...

L.F.P.C.

Comunidade do Arroz – Casimiro de Abreu

57

TEMA

AMOR DE MÃE

Amor de mãe

EJLA

O único e não só o primeiro e derradeiro amor que existe na face do planeta, podemos ter o amor de irmãos, de mulheres, de todos os parentes entes queridos, mas o único amor que é mais forte que tudo e que qualquer amor do mundo, lógico, abaixo de Deus.

Uma mãe ou seja, qualquer mulher que seja, seja ela feia, gorda, magra, bonita, suja ou limpa e etc... nunca devemos destratar de uma ou nenhuma delas ainda mais se for nossa mãe não devemos nunca destratar nossa mãe, nem levantar uma única mão para ela, têm muitos que agridem suas mulheres, suas mães, até suas próprias irmãs.

Mas mulher é uma coisa sagrada, abaixo de Deus e todas as mulheres são iguais e de qualquer forma sentem as nossas dores na hora do parto, o mesmo sofrimento pra criar os seus filhos e quando nós crescemos dar orgulho para as nossas mães e não "desorgulhos" para elas. Assim como elas estão aí para ajudar estão aí também para nos ajudar no nosso futuro.

Nunca devemos desapontar a nossa mãe!

E.M.O – 17 anos

Favela do Lixo – Cabo Frio, RJ

Amor de Mãe

EJLA

Amor de mãe é uma das Histórias mais difíceis para mim, porque contar o que eu não tive essa convivência dela na minha vida, ela nunca foi uma pessoa presente na minha vida, sempre fui criado pelo meu pai desde pequeno e tipo sei o que meu pai me conta, ele fala que ela me abandonou, mas depois de um certo tempo conheci ela, mas foi só quando eu tinha 11 anos, aí cheguei a contar sobre essa história com ela aí certo dia ela me falou que não tinha condição de me criar, mas aí quando fiz 14 anos já não acreditava nela, mas aí a vi abandonando meus irmãos não deu para acreditar. Mas o mundo deu voltas e caiu com a mentira dela. Mas não quero falar dela, quero falar da mulher que me cria junto com o meu pai que foi minha madrasta, uma pessoa muito carinhosa e amorosa que me dá um certo amor que a minha mãe que me fez não conseguiu me dar, mas minha madrasta sim se for parar pra falar, ela sim é uma mãe na minha vida ela tem todas as qualidades que uma mãe pode ter é, além dela deixar o meu pai feliz ela também me deixa feliz é o que quero falar e que eu a amo.

A.R.S

Amor de mãe
EJLA

A minha mãe ela me ajudou e me aconselhou
Me ensinou e me ajudou quando eu precisei
Eu pensei que ela me abandonou
Quando eu precisei mais ela me ajudou
No aperto comigo ela chorou hoje ela
Tá do meu lado eu ainda
Preciso dela do meu lado
Sinto falta do abraço e do beijo
Do jeito do rango
Minha mãe tá comigo
Mesmo se eu não tiver
Sozinho
Não tenho nada a falar sobre meu pai
Sempre vou te fortalecer
Família tô contigo nessa
Eu sei que não tô sozinho.

E.S. – 16 anos
28/06/2021

Amor de mãe

EJLA

Perdi minha mãe ela teve câncer e faleceu, eu sinto muito falta da minha mãe, do amor dela por mim, dos conselhos dela eu nunca conheci meu pai, então minha mãe sempre foi um pai e mãe pra mim ao mesmo tempo e mesmo assim ela nunca falhou na missão, quando eu perdi minha mãe meu chão desmoronou fiquei inconformado com a vida, sinto muita falta da minha mãe, eu me lembro que quando eu chegava da escola e ela sentava do meu lado e me ensinava o dever de casa, do amor dela quando ela me dava conselho amor de mãe é incomparável.

F.S.

28/062021

Amor de mãe

EJLA

Minha mãe é o melhor presente que Deus me deu nessa vida sem minha coroa eu não seria. Toda vez que eu tô triste ela conforta meu coração todos obstáculos que vem ela tá ali pra me ajudar sem ela nesse mundo eu não seria ninguém eu acredito que o sonho dela é ver eu bem de vida, ter minha família, minha casa e ter minha vida, o amor de mãe é incomparável como de outra pessoa sempre que você precisar ela vai estar contigo a qualquer momento.

K.C.
28/06/2021

Amor de mãe

EJLA

Amor de mãe é amor tão grande que não existem palavras pra explicar o amor que elas sentem pelos filhos, independente de qualquer coisa. Eu tenho muito orgulho da minha, ela é uma mulher guerreira, honesta, carinhosa e nunca me abandonou. Minha mãe faz o possível e o impossível pra me ver feliz, ela deixa de comprar as coisas pra ela pra comprar pra mim por isso sou muito grato a ela. Minha mãe é meu anjo protetor.

"Amor é só de mãe"

P.F.
28/06/2021

TEMA

PAPO DE FUTURO

Papo de Futuro

EJLA

Eu sonho em igualdade social, quero ser diferente de todos, quer ser empresário, mas sonho ajudar quem precisa, quando sair vou mudar com determinação, tudo posso alcançar se eu buscar.

Quero ajudar, quero ajudar, quero ajudar, mas reconheço que preciso de ajuda, um dia vou dar orgulho pras minhas mães, um dia vou passar na rua vou ser um exemplo de vida, crianças e adultos até adolescentes se inspirando em mim, um exemplo de vida.

J.V.B. – Fallet Fogueteiro – RJ

Papo de Futuro
EJLA

Eu me imagino mais pra frente, com a minha barbearia, ganhando meu dinheiro honestamente, dando muito orgulho para minha mãe e ser um exemplo para minha filha.

Quero ter minha própria casa, que esse é o verdadeiro caminho que tenho que seguir na minha vida.

P.F.S.F.C

Futuro
EJLA

Podemos citar o futuro de muitas formas, umas de forma positiva outras vegetativas, independente de tudo não podemos fugir do futuro, sendo ele bom ou ruim. Felizmente o nosso futuro não depende do nosso passado, nem do nosso presente, depende apenas de nós, até porque se dependesse do nosso passado e do nosso presente não seria chamado de futuro e sim de consequência.

Às vezes nós tentamos fugir do que o futuro nos espera, sendo que na verdade é o futuro que nos espera, sendo que na verdade é o futuro que espera as nossas decisões, entenda, não podemos ter medo do futuro, o futuro espera as nossas escolhas, aqueles passados que não nos alegramos muito, é bem fácil de definir, os passados que não gostamos de lembrar são as nossas escolhas erradas, mas entenda que o nosso futuro não depende do nosso passado, só depende de nós, não vamos nos deixar influenciar pelos passados ruins, mas vamos mostrar para o passado que podemos fazer um futuro bem melhor

P.L.P.S. – 17 anos
Santa Cruz – RJ

Paz

EJLA

"Paz" é algo que todos querem, mas garanto que a paz que pedem não é só algo sereno, tranquilo, numa rede ou cadeira de praia, tomando água de coco gelada. E talvez nem saibam qual o é o verdadeiro motivo de paz. Não há paz sem guerra e a guerra só existe porque querem paz. Será que para ter paz é preciso lutar? Na minha visão, não. Pois se você e eu temos os mesmos pensamentos convém. Mas se não, é só conversar, dialogar que sempre há uma resposta. Mas se todos estão com esse mesmo pensamento aí que as coisas não convêm, até porque "Sem dor, sem ganho". Paz também não é só para o próprio umbigo, também convém a todos à nossa volta. Paz é algo mundial que todos devemos ter e querer, correr atrás e lutar por ela, independente de qual seja o seu jeito de paz, todos temos paz quando conquistamos uns aos outros.

M.S.S.

Resistência

Centro de Socioeducação Dom Bosco

Resistir significa muitas coisas, mas especificamente "não deixar de lutar".

E o que quer dizer "não deixar de lutar?"

Significa que ninguém pode e nem deve desistir dos seus sonhos só porque apontam o dedo na sua cara, julgando o peso de um ato no qual foi praticado, inocentado ou acusado.

Resistir é cair e levantar mais forte contra as tentações da vida, é aprender a lidar com todas as necessidades negativas em que a mente se acostuma e auto impõe serem certas e boas para si mesmo.

Resistir é rotina de quem tem um passado turbulento e quer mudar de vida, deixando tudo o que influencia a pecados para trás.

Resistir é não deixar se levar pelos estresses e o mais importante, por si mesmo. Esta é a maior luta quando se está confinado 24 por 48 horas com pessoas em um cubículo cercado de grades onde não existe o direito e ir e vir.

Resistir é ir contra todos os caminhos que nos tiram a liberdade.

Resistir é deixar seu legado no caminho do bem

N.S.S. – 20 anos

Niterói, Rj

Artes e suas formas de expressão

Centro de Socioeducação Dom Bosco

A arte é muito importante como instrumento de expressão, uma das armas mais intensas que o ser humano pode ter.

Através da arte, é possível passar diversas mensagens para o mundo de diversas formas. A arte se encontra na literatura, na dança, nos desenhos e pinturas, na música, etc.

Quer saber minha opinião?!

Como forma de protestos e manifestações, a arte é importante porque desconstrói certas realidades e constrói outras afim de desenvolver uma sociedade melhor.

O esporte é arte. Assim como a dança, a música e o teatro, o esporte tem seus ritmos e vibrações...

Quando eu era atleta de Rugby eu me sentia vivo, era liberto e vivia aquilo como se um leque se abrisse diante de mim. Apesar de estar privado de minha liberdade, não perdi a essência... tive uma fase de recaída e tristeza aqui dentro, pensei que minha vida tivesse acabado. Fui esquecido pelo meu clube, ninguém me procurou, mas a vida não acabou, existem possibilidades e a arte não morreu dentro de mim...

Ser atleta é a minha forma de expressão

N.S.S. – 20 anos

Niterói, RJ

Todo dia quando eu acordo estou dentro da prisão
Quando penso nisso chega a doer o meu coração
Mas tá tranquilo, não tem nada não
Com a fé que eu tenho em Deus já já vou chegar no mundão
Abraçar a minha família
Minha mãe, minha vó e meu irmão
Quando eu fecho os meus olhos
Imagino a minha história e penso
Em ser empresário ou um jogador de bola
Minha mãe sempre falava
Meu filho volta pra escola
E não obedeci e vim parar numa gaiola
Falei, mãe, me perdoa por não ter te respeitado
Em toda a minha vida a senhora está na minha história
Por favor me perdoa, eu amo muito a senhora
Quando eu crescer vou ser jogador de bola
E vou dar muito orgulho à senhora

T.C.A

EJLA

Meu sonho é ser da Aeronáutica, tenho curso de barbeiro, mas o que me levou a estar aqui foi a morte do meu irmão, entrei pro crime por estar com muita coisa na mente, mas me arrependo muito de ter feito isso, queria era dar orgulho pra minha mãe, mas meu pensamento foi outro, mas quando sair desse lugar aqui nunca mais vou voltar

L.S.F.

EJLA

Eu quero fazer a minha mãe feliz, quero ter um futuro melhor, quero ser trabalhador, quero ajudar a minha mãe ter tudo que ela quiser, eu estou muito triste, eu vou querer ser ajudado quando sair daqui. Mãe, me perdoa por tudo que eu fiz, agora vou dá orgulho pra senhora, te amo.

W. – Itaipava – Petropólis, RJ

A Vida

EJLA

Bom, primeiramente eu queria agradecer a Deus pela vida que me deu ao cumprir minha detenção, pelo ato cometido de menor infrator, vou sair lá fora e procurar um lugar que eu me sinta bem e com pessoas que fazem o bem, porque não adianta sair da cadeia e andar com maus amigos sempre vão levar pra furada, tem que largar de tudo que é ruim para não prejudicar o hoje e também em um futuro próximo, quero mudar de vida, dar orgulho para minha família, mas pra isso tenho que mudar e eu quero mudar. Muitos nos olham torto porque fizemos besteira, todo mundo comete erro, a juíza nos olha como se não valêssemos nada, mas cada um de nós tem capacidade e coragem, disposição para se tornar alguém melhor. – Olá Doutora Juíza, se estiver lendo esse texto só quero te dizer que errei sim, mas pode ter certeza ao sair daqui vou sair mudado, porque não importa quanto tempo eu fique, dois, três anos, a liberdade um dia vai chegar e vou mostrar a todos que posso fazer a diferença, vou dar a volta por cima, se eu não quisesse mudar de vida não perderia tempo escrevendo um texto.

Agradecimentos ao professor Binho Cultura

Apoio do Projeto Palavras que Libertam

L.A. – São Gonçalo

EJLA

Meu nome é J.R, moro na comunidade Santa Lúcia, em Duque de Caxias, quando sair daqui, meu maior sonho é mudar de vida, ser alguém na vida e dá orgulho pra minha mãe e pro meu pai. Hoje tenho 19 anos e 5 passagens por tráfico de drogas, às vezes fico pensando que nunca vou mudar de vida, isso me atormenta muito, mas hoje, neste dia, tive uma conversa com o professor Binho Cultura, depois dessa conversa eu comecei a entender que há outros caminhos que vão me levar a ter um bom futuro pra mim e pra minha família, hoje eu sei que quando eu sair daqui meu maior foco vai ser mudar de vida e correr atrás do meu sonho, que é servir o Exército do Brasil e andar de cabeça erguida onde eu fui criado e nascido e ser mais um exemplo para os "falador", que todo mundo erra e todo mundo pode mudar de vida

J.R.O.R. – 19 anos
Santa Lúcia – Duque de Caxias, RJ

Educandário Santo Expedito

Só quem já sofreu atrás das grades
Sabe o que é a dor de uma saudade
Quando eu estava na solidão
Foi você quem me estendeu a mão
Num poço fundo, sem ajuda
Mas com você minha vida muda
Naquele poço com aquele friozinho
Sabia que não estava sozinho
Mesmo sem paz, sem ar, sem chão
Sabia que você seria a dona do meu coração

Quando eu estava afundado na lama
Foi você quem disse que me ama
Me estendeu a mão e me tirou da solidão
Liberdade vai chegar
E eu não vou parar de rimar
O bagulho é doidão
Estou aqui com o meu mano Binho
Meu irmão, o bagulho é doidão
Vou mandando na hora
Liberdade vai chegar e eu vou embora
Agora eu vou falar pra tu
Sem neurose e sem caô
Quando eu sair daqui eu vou ser um jogador
Agora eu vou falar pra tu, aqui só tem sujeito homem
Um alerta pros mandados, vacilou o coro come

L.S.M.
São Gonçalo – RJ

O meu futuro que eu penso quando sair daqui é construir uma pizzaria e mobiliar o meu quarto, ajudar a minha mãe e mobiliar a casa dela e comprar um carro pra dar um rolé com a família na rua, também dar pro meu filho tudo o que eu não tive e ensinar o que é o certo e o errado, porque muda muito. Se você abaixa a cabeça muda muito mais ensino, mas pra isso vou orientar meu filho sobre as consequências pra ele não entrar no crime e vir parar aqui na EJLA porque se você não tiver mãe ou pai, você não é ninguém, você vai ficar indo e voltando pra EJLA até você morrer e quando você morrer todos que você chamava de amigo vão estar na praia. Por isso que eu vou vender pizza e com pizza eu vou construir uma nova vida e dá tudo pra minha mãe e pro meu filho.

H.F.C. – 16 anos
Maricá, RJ

Hoje eu tô aqui cumprindo medida, mas quando eu sair pretendo estudar e ajudar quem quer ser ajudado, porque como eu posso mudar, qualquer um pode mudar, porque o ciclo da vida não é só roubar e traficar, porque traficando e roubando você não vai chegar a lugar nenhum, mano, então pensa no lado positivo, ter um bom trabalho, um carro, uma família é a melhor coisa e o principal, Deus no coração, então mano, a meta é olhar pro lado positivo e esquecer o negativo, olhar pro negativo só pra servir de exemplo pra você ver que a vida não é aquilo, então parceiro esquece o passado e vive o agora, será isso que tu, eu, nós queremos para nossas vidas, saber pensar duas vezes antes de agir, mano, parar de agir no impulso, saber viver a vida de maneira honesta, se apegar nos estudos, trocar o fuzil pela caneta, ainda dá tempo de mudar, eu não quero que a minha coroa receba a notícia que eu morri, quero que ela receba a notícia que eu me formei, quero deitar na cama e descansar em paz, então é isso que nós queremos para nossas vidas, vamos viver o agora, vamos pensar duas vezes!!!

R.O.A

Meu sonho é ser jogador de futebol
Enquanto isso
Vou driblando as dificuldades da vida
Para encontrar uma saída
Que me mostre o caminho
Para ter a oportunidade

O. – 16

Não vivi quase nada, mas pra minha idade, tenho 14 anos e quando penso no futuro, fico confuso. O passado foi só status, foi uma vida de ilusão, mas quero viver o futuro, tipo quero estudar, porque eu sei que essa vida não é mais pra mim eu só vivia de ilusão, mas hoje em dia eu percebo que está tudo errado, hoje em dia eu só penso em mudar de vida porque só quem passou aqui dentro sabe como é que o bagulho é de verdade, mas eu só penso em mudar porque essa vida não é mais pra mim.

D.S

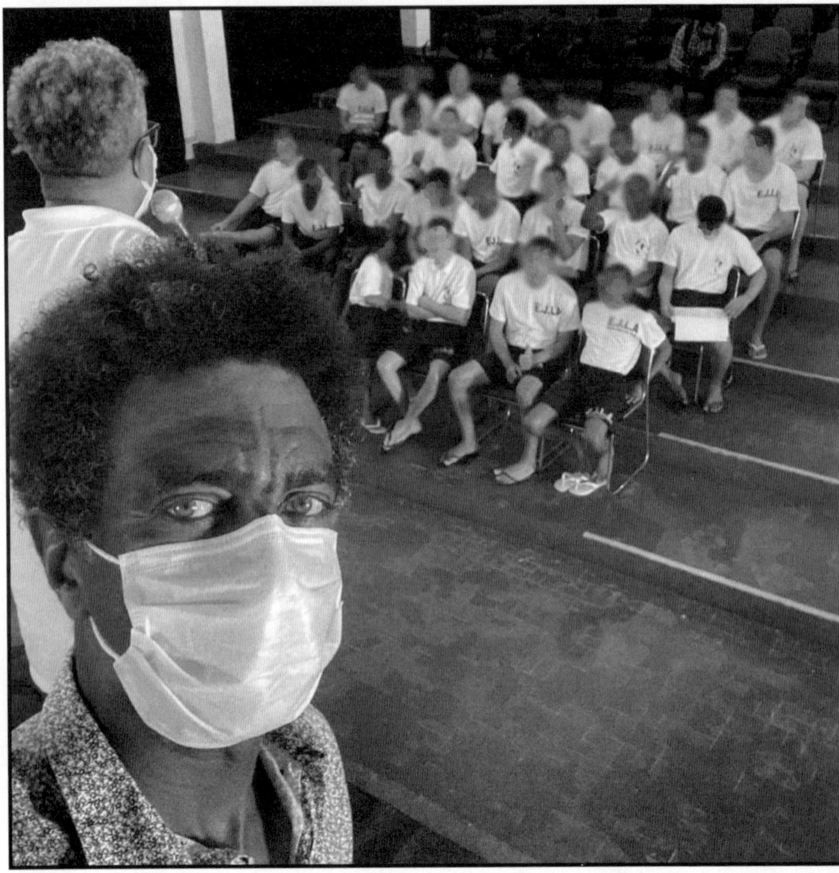

TEMA

VIDA NOVA

Vida Nova

Quando sair desse sofrimento eu pretendo dar valor à minha mãe e minhas irmãs, porque eu não tenho amigos, mas meu futuro é estudo, ir jogar bola e fazer uma faculdade. Mas, eu caí nesse sofrimento porque eu quis, mas essa é a primeira vez e nunca mais, agora vou seguir de cabeça erguida com minha família, porque elas que estão botando a cara enquanto eu estou aqui, então quando eu sair quero ter juízo.

Eu amo a minha mãe, não era pra ela ter passado por isso não, porque ela cansou de falar comigo, então quero ver minha mãe bem, quero dar valor à minha coroa e o professor de leitura me deu várias ideias boas, quando eu sair daqui quero que ele me ajude para eu ajudar outros, então eu quero ajuda, professor, por favor, quero muita ajuda do senhor mesmo.

E.G – Canto do Cemitério – Petrópolis, RJ

Vida Nova

Quando sair daqui pretendo mudar minha vida, dar orgulho para minha família, estudar, trabalhar, terminar a faculdade e ser um grande engenheiro mecânico, porque essa vida que nós levamos é vida de ilusão, não quero mais essa vida pra mim, quero viver em paz comigo mesmo e pra viver em paz eu preciso mudar minha vida, construir uma família ter meus filhos, dar amor de pai para os meus filhos um amor que eu nunca tive, poder mostrar pras pessoas que tudo na vida tem um jeito, nada é impossível pra quem tem fé e quer correr atrás dos seus sonhos e quando sair eu vou correr em busca e vou conseguir tudo o que eu quero.

L. – 6 anos

Martins – Niterói, RJ

Vida Nova

Quando eu sair daqui quero terminar meus estudos, dar orgulho pra minha família, fazer curso de cortar cabelo que eu sempre quis, quero mudar minha vida totalmente, poder viver tranquilo. Tudo o que fiz no passado na pista quero deixar de lado, porque isso não é vida pra ninguém, já cansei de fazer a minha mãe sofrer, daqui pra frente só quero ver minha mãe feliz. Desde quando fui preso parei pra pensar que a vida do crime é ilusão e estou arrependido, nunca mais quero voltar pra esse lugar.

R.N. - 16 anos
Favela do Dick – Jardim América, RJ

O Caminho para uma vida nova

Hoje, dia 03/06/2021 desci para participar de uma aula na sala de leitura, aprendi muita coisa com o que o professor me falou, e como ele compartilhou um pouco da história da vida dele, vim compartilhar um pouco da minha e contar qual é o meu verdadeiro sonho...

Na verdade como posso dizer, minha vida não foi muito fácil, mas também não muito difícil, estudei até o 9º ano do ensino fundamental e parei de estudar por más amizades, matava aula todo dia para soltar pipa, fumar maconha e para fazer só coisas que não devemos fazer, meu verdadeiro sonho era ser jogador de futebol, mas depois vi que não era fácil, era só sorte, depois decidi entrar para o crime, fiquei 2 anos e meio na boca e fui preso 2 vezes, a primeira saí da delegacia, na segunda tirei uma internação na Mansão, de 4 meses e 17 dias, depois ganhei a liberdade, voltei pro mesmo lugar e não achava uma saída até quando ia sair do crime, rodei outra vez e vim parar na Mansão de novo.

Mas agora percebi que nada disso valeu a pena e parei para refletir sobre minha vida e ter planos para o futuro, que o meu sonho, a partir de hoje é terminar meus estudos, ter uma família, conquistar minhas coisas, alcançar os meus objetivos, me formar em Biólogo Marinho, ou entrar para o Exército e dar orgulho para a minha mãe e uma vida melhor para a minha família.

Por isso, aproveite a vida enquanto temos chance porque a vida passa...

E.M.O – 17 anos

Favela do Lixo – Cabo Frio

Vida Nova

Tudo começou em um dia ensolarado, comecei a usar drogas, depois entrei pro tráfico logo, fui de menorzão, escolhi esse caminho então, mais uma coisa não me esqueço é o momento que eu passo aqui preso, mas essas são as consequências, não ouvi aqueles que tiveram na minha nascença, mas isso é uma coisa séria, não dei ouvidos pra quem deseja uma vida melhor. Dei mole e caí nessa vida de ilusão, às vezes ainda fico confuso, a única coisa que tenho pra dizer é que pra mim a minha família é tudo, mais uma coisa que não esqueço é que não serei mais a tal decepção! Mas irei atrás da minha luta no dia a dia para conquistar meu pão de cada dia. Não serei mais aquele otário, vou na luta, em busca de um trabalho, isso é tudo que digo, peço só liberdade, Senhora Meritíssima.

A.R.S

19 de julho de 2021

Poesia da Revolução

Centro de Socioeducação Dom Bosco

Hoje sei porque estou preso e sei que não posso fazer o que desejo, mas sei que essa prisão não é perpétua e um dia sei que irão abrir essa cela.

Hoje sei que estou aqui, mas amanhã não sei o que está por vir e ninguém está na minha mente, pra saber o que eu quero, mas sei que lá fora o sol ainda é amarelo.

E quando o sol se esconde vem a noite e as estrelas, por isso sei que cada um pode fazer o que deseja

O que todo mundo deseja, de cada um é um gosto, mas está preso, pra nossa família é um desgosto

Amanhã talvez posso está na rua, mas isso na minha mente não passa de uma loucura, que todo mundo deseja andar livre por onde seja

E sim, andar de cabeça erguida, passar na frente de qualquer um, seja sozinho ou com sua esposa e sua família

E quando sair, sair de cabeça erguida para não voltar para a mesma vida.

E em vez disso também podemos esquecer o que passou, e quem sabe no futuro você possa ser um grande jogador

E.M.O. - 17 anos

Favela do Lixo - Cabo Frio, RJ

Família

Centro de Socioeducação Dom Bosco

Eu quero sair daqui e ser muito feliz com a minha esposa, continuar com o meu trabalho e nunca mais voltar pra cá porque eu não quero mais deixar ela triste, eu só quero fazer ela feliz porque ela não merece passar por isso tudo que ela tá passando porque eu amo muito ela, eu sei que ela me ama muito e eu só quero ser muito feliz com ela.

V.R.S. – 19 anos

Saudade da Família

EJLA

Muita saudade da minha mãe e do meu pai, mas quando eu sair daqui eu quero ser melhor, dá orgulho para minha família, fazer muitos cursos para ser uma pessoa melhor e me esforçar nos estudos.

M.P.L.B. - 17 anos

Vencer é a meta
EJLA

A palavra "Vencer" é uma palavra muito poderosa de ouvir, saber que você obteve uma conquista que é um bônus no futuro que vou te destacar nos meus objetivos, é muito bom e saber que essa Conquista deu muito lucro, não só financeiro, mas como família, é muito satisfatório.

O que eu mais quero vencer é o meu medo, eu acredito que não é só eu que quero vencer esse obstáculo, muitas das vezes nossos objetivos são atrapalhados pelo medo, ter medo que os seus objetivos não derem certo ou ter medo daqui, pode acontecer depois do seu objetivo for realizado.

Eu sempre repito qual é o meu objetivo porque eu gosto de deixar claro pra todo mundo qual é o meu objetivo, quero muito que o meu futuro seja viver de Música, seguir na Música e o meu objetivo, mas o que eu quero vencer mais que tudo são os meus Medos e simplesmente os meus objetivos.

P. L. P. S. – 17 anos

Vencer é a meta

EJLA

A minha meta é criar meu filho e ter um trabalho digno que eu consiga comprar quase tudo que meu filho quiser e fazer minha família feliz, dar orgulho pra eles.

Sei que já errei mas a justiça está aí para mudar a gente, graças a Deus minha mente está completamente mudada, quero sair daqui logo, logo, se Deus quiser e dar valor à minha família, quando eu caí aqui dentro eu comecei a ver a família que eu tenho, só tenho a agradecer a Deus. Quero criar meu filho, ele está com 3 meses de nascido, e por causa da minha burrice, meu filho não está ganhando amor de pai, mas eu tenho fé que em julho eu irei embora, graças a Deus tem seu Da Prata, que sempre ajuda a gente, as aulas de escrita do Binho Cultura, que é maravilhosa, eu tenho fé que vou sair daqui e vou voltar, mas com as roupas da igreja para abençoar aqueles que estão na angústia como eu estou agora, só sei que Deus vai me honrar, se Deus quiser eu vou embora

K.Q.R.

A vida
EJLA

Eu quero viver bem com a minha família
Que conforme a minha ação
Ver a natureza ver a paisagem
Viver o certo, viver com sabedoria
Quero viver sem lembrar do meu passado
Quero procurar viver em paz
Ter esperança
Trabalhar, viver com segurança
Conhecer lugares, ver as flores
Eu quero viajar, conhecer vários lugares diferentes
Quero viver com uma companheira pra me ajudar
Essa é a vida que eu quero

J.G. – 16 anos

Arrependimento

EJLA

Se arrependimento matasse eu já estaria morto, minha mãe sempre falou comigo: Filho não faz isso, não faz aquilo, "faz" as coisas certas pra ninguém poder falar nada de você. Filho, não mexa com nada dos outros escondido, melhor você pedir, é mais bonito. Me arrependo das escolhas erradas que eu fiz, mas quando eu sair daqui minha família não vai entender nada, eu vou sair daqui mudado, com um novo pensamento de estudar e depois arrumar um trabalho, ter o que é meu, comprar as coisas com o meu dinheiro, ir no mercado e falar assim pra minha mãe:

– Mãe, bota o que a senhora quiser no carrinho aí que eu vou pagar.

– Não meu filho, as coisas "tá muito cara".

– Mãe, bota aí no carrinho, eu trabalhei e com o meu dinheiro eu vou pagar ok?

– Filho, me dá um abraço, te amo.

– Mãe, desculpa por tudo que eu fiz a senhora passar, sei que não fui um bom filho, mas a senhora sempre foi uma boa mãe, nunca deixou faltar nada pra mim, nunca tive o que reclamar de nada e nunca vou ter.

F.C.

Minha vida
EJLA

Eu quero falar do mundo lá fora, quero que o mundo tenha que virar novo, que tenha mudanças no mundo. Poder sair daqui e viver a vida, como que poder com essa mudança de vida, poder sair pra praia, poder ir nos lugares novos. Poder andar com a família, poder conhecer a paisagem que o mundo pode mudar de vida, poder estar sempre perto da família, sempre perto para ajudar a família, ver as coisas novas pra pensar e mudar de vida porque pra mim é difícil, mas nem tudo na vida é fácil, mas vamos em frente, sempre pensando no futuro porque sem estudo a gente não é nada, mas eu vou mudar de vida, eu tenho fé. Essa é a minha vida!

D.O.F.
Búzios

EJLA

Quando eu estou aqui dentro eu penso como está lá fora, como estão as pessoas, como que está a minha família, minha irmã, meu irmão, minha mãe. Eu amo tanto a minha mãe quando eu estou aqui penso em tudo, a minha mente vai a mil, penso na minha mulher, como que ela está lá fora, eu amo e sei que ela também me ama, mas nem sei se ela está com outro lá fora, por isso estou cheio de ódio, minha mente vai a mil, quando eu sair dessa prisão vou voltar pra boca mesmo, é que eu quero mesmo, tô Boladão, deve que ninguém lembra de mim lá fora, estou Abandonado, quando a gente está aqui dentro como esquecido.

Sair daqui vou entrar pra boca, é isso que eu quero, mas quero fazer a minha mãe feliz, mas pra fazer minha mãe feliz eu tenho que sair dessa vida, só que não dá, tenho que botar na minha mente que é pra eu sair daqui, estou pensando sair da boca, meu Senhor, me ajuda a sair dessa vida, é o que eu mais quero, me ajuda.

D.S. – 13 anos
Búzios

Educandário Santo Expedito

Eu, G.S. tenho 17 anos moro em Deodoro na comunidade do Muquiço. Eu como todo moleque criado numa comunidade humilde, sempre fui sonhador, eu acho que um moleque como eu sonha em ser feliz. O meu sonho desde moleque foi construir uma família e ser muito feliz, mas tudo mudou quando eu caí na prisão o meu castelo de ilusão caiu. Mas com o passar do tempo eu vi que dava tempo de correr atrás dos meus sonhos. Porque eu ainda sou jovem e tenho muito que sonhar, mas para isso acontecer eu tenho que querer mudar de vida. Através de ajuda e conselhos eu vou conseguir realizar o meu sonho e mostrar não só pra minha família, mas sim pra todos que disseram que eu não era ninguém, um dia eles vão olhar para aquele moleque e ver que hoje ele é um grande homem, enfim, como eu disse que o meu sonho é construir uma família e poder andar de cabeça erguida, ser tratado como um cidadão. Transformar a minha vida em uma página em branco.

G. S. – 17 anos
Favela do Muquiço – Deodoro – RJ

Educandário Santo Expedito

Quando eu sair daqui quero mudar mas não sei o que me espera lá fora é difícil pra gente que tá nessa vida sair. Hoje eu agradeço muito a Deus de ter me colocado aqui porque se eu tivesse lá fora podia estar morto pelos meus próprios amigos. Pra mim é difícil sair porque onde a gente mora a gente não tem muita ajuda então fica difícil sair, se eu tivesse alguém pra me ajudar lá fora eu sairia dessa vida, porque não adianta me ajudar aqui dentro sabendo que quando chegar lá fora eu ou voltar é muito difícil.

W.T.

EJLA

Meu pensamento é entrar pro crime, mas será que só tem esse caminho?

Será como tá o mundo lá fora? Depois desses 9 meses, será que mudou muita coisa ou tá tudo do mesmo jeito? Será que quando eu sair eu vou ter uma nova chance? Ou melhor, será que vou ter um novo caminho de poder trabalhar e ver a família bem?

Porque apesar de toda essa confusão na mente eu quero uma vida melhor, eu preciso parar e pensar no que é bom pra mim, em qual caminho eu quero seguir, o bom ou o ruim.

R.B

TEMA

LIBERDADE

O Começo da pena

Dom Bosco – 02 de setembro de 2021

Entrar é mais fácil do que sair. Adaptação!

Ser encarcerado e deixar de fazer tudo o que é comum, ou seja, viver uma rotina livre. É preciso se acostumar com um espaço menor com o de uma casa com desconhecidos que serão os mesmos rostos e temperamentos que se tornarão familiares com o tempo.

A mão para trás e o corpo encurvado. Inferioridade, o estalo entre as chapas e o chamado do preso, nomes trocados por matrículas.

Existe um preço a se pagar muito caro. Adaptação!

Esquecer toda a sua vida do lado de fora e fazer parte de um núcleo, de uma rotina e se sentir como os demais.

De repente, tudo muda novamente quando canta a liberdade. São tantos meses ou anos imaginando este dia, que na hora é difícil acreditar que aconteceu. Os pertences. As trocas de roupas. O alvará na mão e o portão se abrindo à sua frente. Passa um filme na cabeça e bate um frio na barriga porque é a chegada de uma nova fase, a fase das superações. É hora de levantar a cabeça porque o mundo vem com suas provações.

Readaptação!

Mãe te amo, obrigado porque a senhora sempre esteve do meu lado, independente se eu estivesse errado, os seus conselhos sempre foram um agrado. Tô aqui dentro, mas sei que estou guardado, me arrependo de ter feito esse ato. Saudade no meu coração tá apertando, sempre que eu penso meu corpo tá arrepiado. São tantas coisas, o inimigo me atentando, mas sei que Deus sempre esteve ao meu lado, quero recomeçar minha vida trabalhando no dia a dia, poder estar me levantando, vendo o meu pai e minha mãe se orgulhando, pedindo a Deus para que esteja iluminando o meu caminho passo a passo me guiando.

A minha história está apenas começando, Deus me dê prosperidade, para que o meu sonho se torne realidade. E a cada dia sendo um homem de verdade, aprendi entender a vida na maldade, hoje eu vivo na maior sagacidade, um homem honesto e humilde de verdade. Abençoe aqueles que estão de maldade porque o meu anjo tá mirando de snipe. Primeiramente Deus na frente, todos sabem, não venha com papinho de inimizade, tô navegando em um mar cheio de grades à procura da minha liberdade. Minha Rainha eu te Amo tanto, atrás do Money vou voando alto, quando eu chegar bem lá nas alturas eu vou pular porque tô preparado, peço a Deus para me segurar e nunca deixar eu cair, amparando sempre meu pai e minha mãe e terminando com um bom trabalho.

T.A.S. – 16 anos
EJLA

Tema Livre

EJLA

“Tema?” Seria talvez um emblema? Quem sabe um poema?!

Pelo sim, pelo não, mas hoje meu tema é diferente, não é tão vazio quanto o outro, né? "Livre", liberdade, coisa linda de se ver, ter querer, menos deixar. Ninguém quer deixar de ser livre. Já vi pessoas brigarem, discutirem ou até fugirem de casa para outro ligar mais livre porque em outro lugar pensa achar a tal liberdade, que no fim é só ilusão e o coração da mãe que tanto acolheu, hoje não pode acolher mais. Meu "Tema livre" é sobre mim, mas não é só de mim que pretendo falar e sim de tudo e tudo de mim, não só agora, pois falta linha e hora, porque é grande minha história, que daria um livro. Por enquanto penso em ter um tema pra minha vida porque não quero ser mais um "emocionado" se perdendo em suas emoções. Nem um "aventureiro" que não desbrava nada e se perde na floresta. Quero ser um homem com conhecimento, que chega com determinação e não deixa se levar pela maré. E com esse pensamento quero conquistar minha imagem de liberdade, porque pra mim ser livre não é não poder sair de casa pra jogar bola, nem por estar na cadeia, e sim, ter a liberdade de escolher o que eu quero pra mim, liberdade de poder estar num lugar, porque eu fiz o que fiz e queria fazer pra estar ali, liberdade de mim mesmo, que é o melhor amigo, quando eu me quis um tempo, eu aceitei assim, liberdade de ser quem eu sou ou quero ser.

M.S.S.

Liberdade
EJLA

Tô esperando a minha liberdade chegar
Pra mim (sic) mudar de vida
Dá orgulho pra minha mãe
Trazer paz pra minha família
Não fazer minha mãe chorar
E trazer Deus pra dentro da minha família
Porque Deus tá no controle
Se Deus é por nós, quem será contra nós?
Deus traz paz, felicidade, educação
Então, aqui eu quero mudar de vida
Só peço a Deus por isso e mais nada
Porque eu quero isso pra minha vida
Que Deus me ajude e mais nada

K. R. C. – 16 anos
Santa Cruz – RJ

Estudar

EJLA

Costa Barros – 21 de abril de 2021

Liberdade não tem preço, hoje eu tô privado, mas eu quero sair daqui e voltar a estudar, trabalhar e eu não quero mais voltar pra cá, eu quero conhecer pessoas, fazer novas amizades, mas das pessoas que fazem voltar pra cá eu não quero, porque na pista só tem amigo quando "nós tá com dinheiro" eles vêm, mas quando "nós para" aqui nem um deles vêm aqui visitar, só nossa família que vem aqui

C.C.D. – Costa Barros – RJ

Liberdade

Cense Volta Redonda

Liberdade é poder sair e aproveitar tudo que você tem, poder abraçar sua família, agradecer a Deus tudo que ele tem lhe dado. Quando eu sair vou estudar seguir os caminhos de Deus, cuidar da minha família e todos os dias ajoelhar e agradecer tudo o que Deus tem me dado por que eu vou criar uma nova história vou mudar de página, criar meus filhos e seguir adiante e sempre ajudar o próximo. Minha liberdade é tudo para mim. Quando eu sair vou abraçar minha mãe, vou pedir desculpa por tudo que eu fiz de mal para ela e vou abraçar meus cinco irmãos e ajudá-los a não seguirem o mesmo caminho que eu segui, porque o que eu não quero para mim eu não vou querer para meus irmãos; porque eles são tudo o que eu tenho. São minha família. Meu pai morreu mas não vou esquecer dele. Minha mãe tem o seu companheiro que hoje é meu pai, por isso eu não vou mais insistir no mesmo erro. Essa é a hora de mudar. E mudar minha história é a partir de agora. Minha vida é outra porque eu não quero deixar minha mãe chorando de novo. Não aguento mais ficar longe da minha família porque eles são a única força que eu tenho. Por isso agora eu tenho uma nova vida. Por isso vou deixar um versículo que minha mãe sempre falava para mim: – elevo meus olhos para o monte de onde vem o meu socorro, o meu socorro vem do Senhor que fez o céu e a terra. Amém. Te amo mãe.

M.F.F. 16 anos

Cidade da Alegria. Resende, RJ

Cense Volta Redonda

Liberdade para mim é estar perto da família, poder caminhar na rua sem ser parado pela polícia, poder ter um serviço para ganhar o meu dinheiro honesto; poder dar uma ajuda para meus irmãos, terminar meus estudos para poder fazer cursos para ter um emprego melhor e construir minha própria família. Vou tentar tirar meus amigos de infância da vida do crime para que eles não precisem ficar presos ou perder a vida. Mostrar para eles que essa vida é ilusão, que não é bom estar aqui dentro sem ver as pessoas que nós gostamos. Vou voltar para a igreja com meu irmão e procurar amigos que sejam também de um bom caminho e ajudar quem está no caminho errado... e acabar com os meus vícios, cigarro, maconha, porque isso não leva a nada.

L.M. 17.
Penedo. Itatiaia, RJ

Cense Volta Redonda

Sonho com a liberdade todos os dias e creio que esse dia vai chegar. Creio que vou mudar e recuperar os seis anos perdidos que vivi no crime, e ser outra pessoa que meus pais sonharam... Sonho também ter um serviço honesto para criar meu filho e minha mulher e voltar aos estudos e ser alguém na vida. Creio que meu bom Deus fará isso por mim. Tudo que eu passei não quero que meu filho passe. Deus me abençoe para sair daqui para voltar a ser feliz com minha família...

E. – 18.
Três Rios, RJ

Educandário Santo Expedito

Hoje em dia estou preso
Mas, sonho com a liberdade de um dia voltar à rua
Longe da maldade, estudar e me formar
Mas, nessa vida tive que fazer uma escolha:
Passar fome ou formar na boca?
Percebi que nessa vida mais vale o que tem
Quem tem vive cheio de amigos
E quem não tem nada
Neguinho rala e foge
Mas vou tentar voltar pra rua longe da maldade
Fé em Deus

M.B.C.B.
Complexo do Alemão – RJ

Cense Volta Redonda

A liberdade para mim é poder sair daqui e procurar coisas boas para a minha vida. Ir onde pessoas me deem oportunidades, me critiquem menos. Que pessoas me olhem com outros olhares e não com o mesmo olhar de quando entrei nesse lugar. Peço a Deus todos os dias para mudar minha vida, abrir uma porta de um curso, uma porta de um emprego, ter uma jornada diferente, ter minha família de volta, sair daqui, ter uma vida tranquila, ter minha mãe de volta. Eu penso através de mim poder ajudar minha família.

V.H.N.A. - 15 anos
Getúlio Vargas. Barra Mansa, RJ

Cense Volta Redonda

Quando eu sair daqui eu quero mudar de vida. Seguir a minha vida, indo para a igreja, buscando ao senhor, porque nessa vida eu perdi tudo... meu emprego de pizzaiolo, mas agora quero mudar, quero trabalhar, ter minha mulher, uma filha e ser feliz. Quero cuidar da minha mãe, ajudar ela na vida financeira e mostrar para ela que Deus está mudando a minha vida... e provar para ela que eu sou diferente e que esse mundo e essa vida do crime não era para mim, mas agora eu mudei e agradeço a deus por tudo. Dentro da cela eu paro para pensar na minha mãe, no meu pai que morreu e penso uma coisa: eu fui criado sem pai. Quem me criou foi meu tio e minha tia porque o meu pai batia muito na minha mãe. Por isso que eu fui criado sem pai, mas eu oro todos os dias e peço perdão por ter decepcionado a minha família e peço a Deus que me ajude. Obrigado Deus.

Y. I. – 17 anos
Cidade da Alegria. Resende, RJ

Cense Volta Redonda

O que vou fazer? Vou terminar os meus estudos!!! Crime não é mais para mim. Eu fui preso quatro vezes. Eu acredito que eu vou mudar de vida. Eu não aguento ficar mais preso. Minha infância foi muito interrompida. Eu quero apagar essa vida velha. Eu quero reconstruir uma vida nova. Perdi minha irmã com dezesseis anos no mundo do crime. Foi uma perda tão forte que não dá para explicar. Pretendo sair daqui, montar uma barbearia, terminar meus estudos e ajudar minha família.

E.A. – 15 anos
Paraíba do Sul, RJ

Cense Volta Redonda

Eu quero mudar de vida, melhorar minha saúde e fazer o melhor para minha mãe... voltar a estudar, voltar a ser adolescente e nunca mais voltar aqui... e fazer o melhor para minha vó. Vó te amo.

C.S.B. – 14 anos
Pinheiral, RJ.

Cense Volta Redonda

Quando eu for livre eu vou começar a estudar. Vou fazer tudo diferente e provar para todo mundo que falava que eu não iria passar dos dezessete anos que eles estavam errados. Vou ficar mais com minha família, arrumar uma mina tranquila pra mim sossegar, parar de traficar. Vou dar mais valor para minha família. Vou deixar as minhas responsas para trás e mudar toda minha vida. Vou começar a fazer um curso e trabalhar. Vou melhorar a convivência com meu pai... provar para ele que ele estava errado.

M. - 16.
Três Rios, RJ

Cense Volta Redonda

A liberdade é uma coisa boa que nós damos mole de perdê-la. Perd-la por algum tempo quando... quando eu sair daqui vou mudar minha vida e mudar minhas atitudes, porque minha mãe está sofrendo. A pior coisa da minha vida foi fazer minha mãe sofrer vindo me ver no presídio. Não quero dar mais esse desgosto para minha mãe... ao sair daqui vou fazer de tudo para ver minha mãe feliz porque ela merece. Ela está comigo nas horas ruins e boas. Quero terminar os estudos, quero trabalhar, quero dar uma vida boa para minha mãe, uma vida digna.

W.S.F. - 16

Três Rios, RJ

Cense Volta Redonda

Minha liberdade... vou fazer a diferença. Cuidar do meu filho que está para nascer, arrumar um bom trabalho ou continuar cortando cabelo como eu gosto. Sei que Deus tem o melhor pra mim. Esse lugar não é bom pra mim. Esse lugar não é bom pra ninguém. Só Deus sabe meu sofrimento... mas tudo na vida passa, até o sofrimento. Tô legal desse bagulho de facção. Quero poder voltar pra igreja, ficar firme na presença de Deus. Sei que ele tem o melhor para mim. Muita saudade da minha mãe, minha mulher... Mas só o Senhor é Deus. Só Deus é o Senhor.

I.L. – 16
Barra Mansa, RJ

Cense Volta Redonda

Eu peço a Deus todos os dias que me dê sabedoria, inteligência, forças e paciência para lidar com os problemas do dia a dia aqui dentro e quando eu sair. E eu já encontro resultados nas minhas orações. Todos as noites eu paro e penso o que eu fiz da minha vida. É uma coisa que eu não sei explicar para eu mesmo, e estou determinado que quando eu sair vou ser um homem totalmente diferente. Me encontro triste ao lembrar da minha família. Minha família tem sofrido tanto ultimamente que eu carrego uma culpa muito grande, de chegar ao ponto de minha família mudar de cidade. Mas quando eu sair vai ser tudo muito diferente. E agradeço a Deus por ele nunca desistir de mim. Meu sonho é poder dar uma casa para minha mãe. E eu vou conquistar.

C.D.O.I. - 18 anos
Paraíba do Sul, RJ

Cense Volta Redonda

Quero mesmo... Quando eu sair vou fazer totalmente diferente do que eu fiz nos anos passados. Tentar realizar meu sonho porque ainda dá tempo de ter a minha família, cuidar do meu filho ou filha que ainda estar por vir, voltar para a igreja de onde eu nunca deveria ter saído. Fazer totalmente diferente e não cometer os erros que me fez parar nesse lugar... parar de dar desgosto para minha coroa, ver ela sorrindo todos os dias assim como antigamente. Meu sonho é ser jogador de futebol, ainda não desisti e nem vou desistir tão cedo. Quero que Deus me ajude nessa caminhada. Amém!

T.B. – 17 anos
Volta Redonda, RJ

Cense Volta Redonda

Até então vou sair dia 21/12/2018. Como vou ser pai ano que vem em maio de 2019, esse ano vou sair, passar o Natal e o Ano Novo com minha família e minha mulher que é a terceira cadeia que ela vem me visitar, corre atrás na pista pra mim. Mas como... vou mentir não. Até meu filho nascer vou somar uma grana boa e dar tudo do melhor pra ele e que depois que ele vier ao mundo eu fico tranquilo. Tenho minha casa com minha mulher, tenho meu carro, minha moto, isso são as coisas que conquistei... mas estou pagando o preço muito caro por isso, mas tenho fé que essa seja a terceira e última vez que eu volte para esse lugar. Ninguém merece ficar trancado. Eu voltei pra cá por causa de três dias de serviço comunitário que eu faltei. Isso me deixou cheio de ódio. Mas tranquilo. Graças a Deus sou pesado na pista. Tudo que eu queria eu conquistei, mas ainda tá faltando a liberdade... mas faltam apenas treze dias para eu ir pra casa, irei voltar. Segundo aniversário preso é triste mas tenho que sustentar meu bagulho. Tô aqui... pode ser um livramento de Deus. É isso que tenho pra falar.

V.H.L. – 17 anos
Valença/RJ

Cense Volta Redonda

Desde pequeno fui nascido e criado em berço evangélico e minha mãe sempre me disse que mesmo eu sendo o irmão do meio todos os outros se espelharam em mim... mais novo fui batizado nas águas e depois no Espírito Santo. Nisso eu evangelizava, pregava para crianças e etc... Mas saí... fui crescendo e comecei a querer seguir por outro caminho. Nisso foi começando as coisas a sair meio que errado. Parei de ir aos cultos e acabei me desviando. Nisso sempre minha mãe dizia que se eu não me consertasse no amor de Deus, me salvaria na dor. E com tudo vim parar na cadeia... e aqui foi acontecendo cada coisa que eu fui parar pra pensar... bem que minha mãe me disse e Deus sempre falando comigo através de várias formas e até hoje Deus tem trabalhado muito em minha vida agora. Consigo ler a bíblia, de novo orar e jejuar. E quando eu sair deste lugar, creio que sairei mudado vou honrar ao chamado que Deus tem para mim... e fazer minha mãe feliz como ela sempre me pediu; e ter orgulho, e agora mudei de vida.

A.V. – 14 anos
Angra dos Reis, RJ

Cense Volta Redonda

Todo dia acordo de manhã e lembro da minha família. Todos os dias lembro da minha mina sofrendo na rua por causa de mim... que ela sempre me avisou e eu tava lá na endolação dos amigos, dos colegas. Por causa de mulher, dinheiro, poder. Hoje estou aqui no DEGASE preso já há sete meses. Já sinto falta da minha família no bagulho. Sou todo neurótico mesmo... não abaixo a cabeça pra ninguém porque já sofri muito na vida. Já quando eu sair daqui eu vou mudar. Posso morrer tentando, mas vou conseguir, sei que a vida é difícil, mas eu vou batalhar pra conseguir tudo o que eu não consegui até hoje. O que eu consegui até hoje vocês querem saber?... que ninguém gostasse de mim. Toda vez discuto com uma pessoa porque eu fico triste pensando na minha vida antes, como era e como minha vida está agora. Vou mudar por isso. Não precisava ter chegado até onde eu cheguei agora. Vou mudar por isso. Preciso de ajuda para poder mudar... quando vocês lerem essas frases que eu escrevi vejam se podem me ajudar. Sozinho não estou conseguindo. Mas por favor. Só isso que eu peço.

G.P. - 17 anos
Barra do Piraí, RJ

Cense Volta Redonda

Pô... liberdade pra mim é viver em paz, livre, em harmonia e sem dever nada a justiça. Sonhar no que eu quero pra mim, meu sonho é ter minha família e ser um cidadão de bem. Não ser um perigo para a sociedade, dar valor a quem me quer bem. Você pode sonhar mas você não pode desistir do sonho. Quando eu era pequeno eu falava pra minha mãe que eu queria ser bombeiro, que eu iria salvar vidas, mas as más companhias me desviaram de meu propósito. Hoje eu me encontro encarcerado, mas eu vou mudar com fé em Deus. Tu podes crer que vou mudar. Em breve vai chegar meu alvará... Poder andar na pista na moral e no asfalto. Andar sem ser chamado de presidiário.

P.H.C. – 17 anos

Itatiaia, RJ.

Cense Volta Redonda

Quando a minha liberdade chegar vai ser a hora de eu me acertar, porque essa vida não é pra ninguém. Isso só traz sofrimento para várias famílias e traz também muitas dores... só pra família, mas sem para os demais. E quando eu estiver na rua vou procurar logo um serviço pra mim poder dar do bom e do melhor para minha família e também poder andar de cabeça erguida, sem dever nada à comunidade, sem temer de andar na rua, tranquilo com minha esposa, meu pai, meu filho, e etc. Na minha mente tenho várias coisas que pretendo fazer, fora isso que é arrumar um emprego pra mim, pode ter minhas coisas, poder ter algum dia ter meu, como que eu sempre sonho é isso. Vida do crime é perda de tempo... ao invés de ter, somar algo, tu vai só perdendo, e por isso parei pra pensar que nessa vida não leva ninguém a lugar nenhum. E quando essa proposta de mudança resolveu vir na minha mente, certo dia conheci um cara que parou para falar dos conselhos que já estavam na minha mente, por isso pensei e resolvi mudar de vida. E assim prefiro seguir uma nova vida para que eu possa conquistar e não ganhar. Por que correr atrás e conquistar é melhor do que ganhar.

C.D.A.L.
Volta Redonda, RJ

Cense Volta Redonda

Quando minha liberdade chegar eu vou ficar com minha família: mãe, pai, tio, tia, vó e filhos. Vou fazer o que eu não fiz quando eu era mais novo. Vou deixar o crime, vou estudar, fazer cursos, trabalhar para conquistar um futuro melhor para mim e minha família. Vou me inserir em alguma área do mercado de trabalho, claro que no começo vai ser difícil com certeza, mas com fé em Deus e com a minha família vou mudar minha história.

B.F. – 16 anos
Barra do Piraí, RJ

Cense Volta Redonda

O dia em que eu ganhar minha liberdade eu quero estudar e terminar meus estudos, fazer um curso de educação física, ser uma pessoa de bem na sociedade para que todos me respeitem como um homem de bem. Nunca tive um pai presente na minha vida. O meu pai me fez e largou a minha mãe. Roubou o que minha mãe tinha, mas eu sabendo disso eu queria só o amor dele e minha mãe. Foi minha mãe e meu pai. Mas eu não soube dar valor a ela. Eu só queria ter uma família igual todos tem. Um pai que me defendesse, que me protegesse dos meus medos. Saí de casa novo porque queria construir a minha própria família. Engravidei minha mulher. Deus me deu um filho homem... e o que eu tanto pedi a ele para mim fazer com ele tudo o que meu pai nunca pode fazer comigo, mas Deus preferiu levar meu filho. Isso me machucou muito. Me revoltei mais do que era revoltado. Mas eu tinha que cair aqui dentro pra saber como era. E aqui não é vida para mim. A liberdade não tem preço que paga. Eu nunca mais quero parar nesse lugar porque aqui é lugar para bicho e nós não somos bichos. Somos filhos de Deus.

G.A.C. – 16 anos
Duque de Caxias, RJ.

Cense Volta Redonda

Liberdade é uma coisa que tem que se valorizar porque quando você cai aqui dentro só Deus e sua mãe estão com você a qualquer momento... nas melhores e piores horas da minha vida quando você está lá fora você não pensa na sua família, na sua vó ou no seu irmão. Quando você está traficando é ótimo. Você está vendo a cor do dinheiro entrando no seu bolso... e as melhores horas, alegrias momentâneas... quantas vezes colegas, mães de outras pessoas pedem para você sair dessa vida até mesmo primos, você vira as costas, finge que não está nem ligando. Quando você cai atrás das grades, só Deus e a chave da vitória... eu creio que quando eu sair, Deus tem o melhor pra mim lá fora... sair de péssimas companhias que trazem desgosto a si mesmo. Quando você está sem rumo, sem saída, a solução é Deus. Bom, só isso que eu tenho pra falar... são poucas palavras que vêm da minha mente, mas Deus vai abrir as portas das grades para mim. Amém.

A.F. – 15 anos
Paraíba do Sul, RJ.

Cense Volta Redonda

Assim que eu sair daqui irei cuidar da minha família pois tenho uma filha de um ano para criar e cuidar. Irei cumprir tudo o que prometi pra minha esposa. Serei um homem diferente. Irei cumprir meu papel de homem. Irei para a igreja e trabalharei para dar tudo pra minha família. Hoje atrás das grades sinto tudo que fiz de mau para as pessoas, pois a pior dor que sinto é estar longe da mulher que eu amo e da filha que tanto pedi a Deus. Estou louco pra sair daqui e recompensar minha mãe por tudo... minha esposa e meu pai que estão me ajudando muito. Agradeço a Deus todos os dias por ter me dado a chance de estar aqui, pois tem muitos que não tem nem a chance de reconstruir sua vida de novo. Hoje o que eu mais quero é sair daqui e dar todo o amor do mundo pra minha filha. Todo amor que um pai dá pra um filho. Só peço a Deus que abençoe todos da minha família e todos que estão na cadeia junto comigo. Amém.

L.A.C.S. – 20 anos
Três Rios, RJ

Cense Volta Redonda

Quando eu sair vou ter uma vida diferente. Começo de onde eu errei. Começar a trabalhar, fazer curso, começar a estudar, cuidar da minha mãe, fazer o que eu não estava fazendo e tentar ser uma pessoa diferente, mesmo que seja difícil mudar, mas isso só depende de nós mesmos, porque essa vida que nós estamos só traz sofrimento pra nossa família... e também cadeia eu não desejo nem pro meu inimigo. Essa vida tudo pode acontecer e isso eu não quero mais pra mim. Sair daqui, ser um cidadão honesto, fazer diferente.

L.C.M.F.

Três Rios, RJ

Cense Volta Redonda

Você diz que eu não te guardo no meu coração
É verdade, porque um dia meu coração parou de bater
Guardo você na minha mente para não te esquecer
Vivo em um navio cheio de grades
À procura de uma ilha chamada liberdade
Não existe tortura mais cruel que a saudade
Escrevo esta carta com tinta azul,
Porque não tinha amarela
Esta carta vai sozinha porque não posso ir com ela
Atrás da minha cela jorra água sem chover
São apenas lágrimas dos meus olhos
Com saudades de você...

L. R.
São Pedro da Aldeia

Cense Volta Redonda

Cada dia é um pesadelo
Passo a noite em claro
Lembrando do meu quarto
Onde eu sonhava acordado
E hoje tô aqui vivendo esse pesadelo
Refletindo no que vou fazer daqui pra frente
A liberdade tem um preço
E eu tô pagando muito caro
Por ter feito algo errado
Mas, tô aqui de passagem e tudo isso já valeu
Para a minha aprendizagem

K.S.O.S – 16 anos
Morro do 18 – Água Santa, RJ

Te Procuro Liberdade

Cense Volta Redonda

Te procuro liberdade na infância perdida com família espalhada.

Te procuro liberdade, no pai ausente, com a tristeza... sempre presente.

Te procuro liberdade na valentia das ruas, sobrevivência exigida na encruzilhada de escolhas que sempre deixaram pedras em um único caminho.

Te procuro liberdade na consciência ausente de corpo insistente, que nem sempre existe na grande multidão de indiferenças.

Te procuro liberdade atrás das celas, junto da solidão coletiva de amigos no quarto, de amigos do parto da mesma exclusão prisioneira de um destino que não se compreende apenas se vive negando a morte desconhecendo a vida.

Te encontro liberdade brincando sem sorrir, adulto sem crescer moleque de maldades morrendo por nascer.

Erlon Couto Zacarias

Coordenador Técnico do Cense Volta Redonda – RJ

Posfácio

Projeto Palavras que Libertam, executado pelo Instituto Embaixada das Favelas, através do seu idealizador Binho Cultura: um case de sucesso na socioeducação do Estado do Rio de Janeiro.

O Departamento Geral de Ações Socioeducativas - DEGASE, vinculado à Secretaria de Estado de Educação, tem como missão institucional "promover socioeducação no Estado do Rio de Janeiro, favorecendo a formação de pessoas autônomas, cidadãos solidários e profissionais competentes, possibilitando a construção de projetos de vida e a convivência familiar e comunitária". Sendo assim, o DEGASE utiliza a educação formal, a educação profissional, a cultura, o esporte e o lazer como ferramentas.

Nesta perspectiva o projeto Palavras que Libertam conquista um lugar primordial na ressignificação de histórias de vidas dos adolescentes que cumprem medida socioeducativa no Estado do Rio de Janeiro, tanto pela sua proposta metodológica, mas, principalmente, pelo seu idealizador e executor, Binho Cultura, um Agente Social com constância de propósitos, competência e empatia pelo público-alvo.

Portanto, esta obra certamente servirá de referência para os estudiosos e executores da socioeducação.

George Fox
Gestor e Socioeducador – DEGASE

Depoimento

O reconhecimento e bons resultados do projeto Palavras que Libertam se dão pelo dedicado trabalho que há anos efetuou o escritor e produtor cultural Binho Cultura em unidades do DEGASE, com atuação destacada, com uma metodologia diferente no campo da escrita e leitura. Sendo um instrumento de suma importância para a integração desses jovens que cumprem medida socioeducativa a sociedade e ao seio familiar. Nos ajudando nos aspectos criativos, cognitivos, afetivos, interpessoais, reflexivos, autoestima e no raciocínio lógico. Proporcionando, como acessório para outros eixos educacionais quanto ao enriquecimento e desenvolvimento individuais. Deste modo não posso deixar de dizer que o projeto na sua magnitude me serviu como combustível para que pudesse exercer o papel de gestor na condição de Diretor de Cultura Esporte e lazer, fazendo valer sempre acreditar no outro e nas formas de mudança através do viés da cultura e suas manifestações, próximas, à realidade dos socioeducandos. O impacto foi além da expectativa na possibilidade de redefinição de trajetórias, também aos meus colegas, profissionais do Departamento, distensionando os relacionamentos nas unidades, permitindo um clima favorável nas relações.

Enfim, venho manifestar o reconhecimento da minha pessoa a este trabalho e que observamos a todo o momento conquistas, de jovens somados ao fato do cometimento do ato infracional e que este projeto Palavras que Libertam consegue em vitória adequá-los ao convívio da sociedade. Assim o meu entendimento para a principal questão, como solução sugestiva é que a Cultura Salva. Obrigado meu irmão Binho Cultura.

Alexander Martins

Diretor de Cultura Esporte e Lazer do DEGASE

VERMELHO MARINHO